T0001141

INGLÉS PARA EL TRABAJO

Aprende el inglés que necesitarás para desenvolverte como: niñera (nanny), jardinero, personal de limpieza y lavado de ropa, mayordomo, limpiador de piscinas, exterminador de insectos, enfermera, entrenador personal, chófer privado, paseador de mascotas, guardia de seguridad, encargado de mantenimiento, secretaria, recepcionista, auxiliar administrativa, personal de bodega, obrero de construcción, capataz, carpintero, pintor, plomero, electricista, chef, cocinero, mesero, lavaplatos, recepcionista, botones, encargado del servicio al cliente, manicurista, peluquera, esteticista, maquilladora, masajista, animador de actividades de entretenimiento...

INGRESA A NUESTRO APOYO ONLINE
https://aguilar.inglesen100dias.com

INGLÉS PARA EL TRABAJO
Segunda edición: julio de 2022

8950 SW 74th Court, Suite 2010
Miami, FL 33156

Diseño de cubierta: Mumy Urbano
Diseño de interiores: Pancho Guijarro
Fotografías de cubierta: © Dreamstime.com

Impreso en México / Printed in Mexico

ISBN: 978-1-945540-88-2

22 23 24 25 26 11 10 9 8 7 6 5 4 3 2

CONTENTS

CONTENTS

CONTENTS

CONTENTS

INTRODUCTION

INGLÉS PARA EL TRABAJO es un curso de inglés especialmente dirigido a personas interesadas en aprender inglés para desempeñarse en el mundo laboral. Con este libro, todo lo que vas aprendiendo en inglés lo podrás poner en práctica cada día en tu trabajo.

Hemos creado para ti cuatro escenarios en los que ocurren diferentes situaciones de trabajo reales: una mansión, una fábrica, una construcción y un complejo turístico. En dichos entornos se desarrollan diferentes actividades laborales, que son tratadas en cada unidad. Primero, mediante un diálogo de situación, para después profundizar en el vocabulario y expresiones específicas de cada trabajo y profesión.

También, en cada unidad encontrarás sencillas explicaciones de temas del inglés en general, gramática muy fácil de comprender y entretenidos ejercicios, con los que podrás ampliar, consolidar y poner en práctica tus conocimientos.

- En la mansión de la Sra. Howard, en Beverly Hills, California, aprenderás el inglés que se usa en empleos como el de niñera (*nanny*), jardinero, personal de limpieza y lavado de ropa, mayordomo, limpiador de piscinas, exterminador de insectos, enfermera, entrenador personal, chófer privado e incluso paseador de mascotas.
- En la fábrica High Plains Plastics, en Dexter, Michigan, podrás conocer cómo desarrollan su trabajo el guardia de seguridad, el encargado de mantenimiento, la secretaria, la recepcionista, la auxiliar administrativa, el personal de bodega, etc.

- La empresa de construcción New Broadway, en Houston, Texas, te acercará al entorno laboral de quienes se desempeñan como obrero, capataz, carpintero, pintor, plomero, electricista y encargado de la seguridad, y te mostrarán el vocabulario y expresiones habituales en sus puestos de trabajo.
- Y en el complejo turístico Dolphin Hotel & Beach Resort, en Cocoa Beach, Florida, podrás comprobar cómo se desarrollan los trabajos de chef, cocinero, camarero, lavaplatos, recepcionista, botones, encargado del servicio al cliente, manicurista, peluquera, esteticista, maquilladora, masajista y animador de actividades de entretenimiento.

¡Pero eso no es todo! En el Apéndice, al final del libro, encontrarás información muy útil sobre cómo prepararte bien para una entrevista de trabajo, cómo elaborar tu hoja de vida (*resume*), qué tipo de documentación es necesario obtener al residir en los Estados Unidos, datos geográficos e históricos del país y algunos consejos para que el aprendizaje del inglés te resulte todavía más fácil.

¡Es hora de aprender y usar tus conocimientos de inglés en tu trabajo!

¡Bienvenido a INGLÉS PARA EL TRABAJO!

Welcome to your new residence

DIALOGUE

Mrs. Howard and her family have just moved into a new mansion in Beverly Hills. Helen Thomas, a neighbor, meets them near their house.

La Sra. Howard y su familia se acaban de mudar a una mansión en Beverly Hills. Helen Thomas, una vecina, se encuentra con ellos cerca de su casa

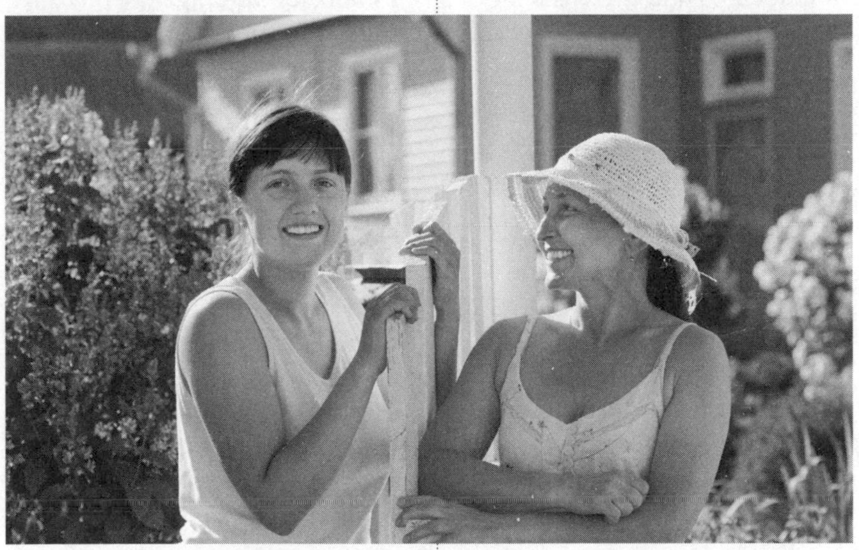

Helen Thomas: Good morning. My name is Helen Thomas and I am one of your new neighbors.

Mrs. Howard: Good morning, Mrs. Thomas. I'm Shirley Howard and this is Richard, my husband.

Helen Thomas: Hello, Mr. Howard. Welcome to your new home.

Mrs. Howard: Thank you very much.

Helen Thomas: *Buenos días. Me llamo Helen Thomas y soy una de sus nuevas vecinas.*

Sra. Howard: *Buenas días, Sra. Thomas. Yo soy Shirley Howard y éste es Richard, mi marido.*

Helen Thomas*: Hola, Sr. Howard. Bienvenidos a su nuevo hogar.*

Sra. Howard: *Muchas gracias.*

Helen Thomas: This area is great. I lived in a very noisy place before and now I'm very happy to live here. It's a quiet area and there is a lot of security.

Mrs. Howard: We are also very happy. Do you know many neighbors, Mrs. Thomas?

Helen Thomas: You can call me Helen. Yes, I know some of them. Mr. and Mrs. Clark live there. He's a stockbroker in Westwood Village and she's a writer. And Paul and Carrie Doyle live in that white mansion. They are the owners of a hotel chain.

A girl approaches them.

Mrs. Howard: Helen, this is Rhonda, our youngest daughter.

Helen Thomas: Hi, Rhonda! Well, I have to go now. I hope to see you again soon.

Mrs. Howard: Okay, Helen, see you soon!

Helen Thomas: Goodbye!

***Helen Thomas**: Esta zona es estupenda. Antes vivía en un lugar muy ruidoso y ahora estoy muy contenta de vivir aquí. Es una zona tranquila y hay mucha seguridad.*

***Sra. Howard**: Nosotros también estamos muy contentos. ¿Conoce a muchos vecinos, Sra. Thomas?*

***Helen Thomas**: Puede llamarme Helen. Sí, conozco a algunos. Allí viven el señor y la señora Clark. Él es agente de bolsa en Westwood Village y ella es escritora. Y en aquella mansión blanca viven Paul y Carrie Doyle. Ellos son propietarios de una cadena hotelera.*

Una chica se acerca a ellos.

***Sra. Howard**: Helen, ésta es Rhonda, nuestra hija menor.*

***Helen Thomas**: ¡Hola, Rhonda! Bueno, yo me tengo que ir ahora. Espero verles de nuevo pronto.*

***Sra. Howard**: De acuerdo, Helen, ¡hasta pronto!*

***Helen Thomas**: ¡Adiós!*

VOCABULARY

mansion	*mansión*
neighbor	*vecino/a*
neighborhood	*vecindario*
owner	*propietario*
residential area	*zona residencial*
residential complex	*complejo residencial*
security	*seguridad*

USEFUL EXPRESSIONS

This residential area is very quiet.	*Esta zona residencial es muy tranquila.*
There is a security guard at the gate of the residential complex.	*Hay un vigilante en la entrada del complejo residencial.*
We're the owners of this great mansion.	*Somos los propietarios de esta gran mansión.*
Mr. and Mrs. Peterson are our new neighbors.	*El Sr. y la Sra. Peterson son nuestros nuevos vecinos.*
That is the most luxurious mansion in the neighborhood.	*Ésa es la mansión más lujosa del vecindario.*

ENGLISH IN PRACTICE

¿De qué forma puedo saludar a alguien en inglés?

Simplemente diciendo **"Hello!"** *(¡Hola!)*. Coloquialmente también podemos decir **"Hi!"**.

Pero dependiendo de la hora en que saludemos, también podemos utilizar las siguientes expresiones:

Good morning!	*¡Buenos días!*
Good afternoon!	*¡Buenas tardes!*
Good evening!	*¡Buenas tardes! / ¡Buenas noches!*

¿Y cómo puedo despedirme de alguien?

Para despedirnos podemos decir **"Goodbye!"** *(¡Adiós!)*, y también estas otras expresiones:

See you!	*¡Hasta la próxima!*
See you later!	*¡Hasta luego!*
See you soon!	*¡Hasta pronto!*
See you tomorrow!	*¡Hasta mañana!*

Si tengo que tratar a alguien de una manera formal, ¿cómo puedo dirigirme a esa persona?

Para dirigirnos a una persona formalmente usaremos los siguientes títulos, seguidos del apellido de la persona:

Mister (Mr.)	*Señor (Sr.)*
Misses (Mrs.)	*Señora (Sra.)*
Miss	*Señorita (Srta.)*
Ms.	*Señora o Señorita*

Hello, **Mrs.** Thorne. *Hola, Sra. Thorne.*

Y si no decimos el apellido, al dirigirnos a alguien lo haremos con las expresiones **"Sir"** *(Señor)* y **"Madam"** *(Señora)* (pronúnciese /ma'am/).

Good morning, **sir**! *¡Buenos días, señor!*

¿Qué son y para qué sirven **los pronombres sujeto?**

Los pronombres sujeto son aquellos que sustituyen a un nombre y realizan la acción que expresa el verbo, es decir, son los sujetos de la oración. Se colocan delante del verbo y son los siguientes:

I	*yo*
you	*tú, usted*
he	*él*
she	*ella*
it	-
we	*nosotros/as*
you	*ustedes*
they	*ellos/as*

Recuerda que **"I"** siempre se escribe con letra mayúscula y que **"it"** se usa cuando nos referimos a un animal o un objeto.

¿Cómo usamos **los pronombres sujeto en la práctica? Veamos su uso con el verbo "to be".**

El verbo **"to be"** equivale a *"ser"* y *"estar"*, y, en presente, se conjuga de la siguiente manera, que también vemos de forma contraída:

I am	**(I'm)**	*yo soy / estoy*
You are	**(You're)**	*tú eres / estás*
He is	**(He's)**	*él es / está*
She is	**(She's)**	*ella es / está*
It is	**(It's)**	*es / está*
We are	**(We're)**	*nosotros somos / estamos*
You are	**(You're)**	*ustedes son / están*
They are	**(They're)**	*ellos son / están*

He is Mr. Gates.	*Es el Sr. Gates.*
It's a big house.	*Es una casa grande.*
They are John and Glenda.	*Ellos son John y Glenda.*

Las formas contraídas hay que tenerlas muy presentes, pues son muy habituales, tanto en el lenguaje hablado como en el escrito.

EXERCISES

1. Usa la forma correspondiente del verbo "to be" para completar las siguientes frases.

a) It .... a cell phone.

b) We .... American.

c) I .... a student.

d) You .... Freddy and Mark.

2. ¿Cuál de las siguientes expresiones no es un saludo?

a) Good afternoon!

b) Hi!

c) See you soon!

3. Relaciona las distintas partes con una sola opción para formar oraciones.

a) She's	1. a computer
b) We're	2. in California
c) It's	3. gardeners

Key: 1.- a) is, b) are, c) am, d) are; 2.- c; 3.- a2, b3, c1.

I need to see your identification

DIALOGUE

Dave is a security guard at High Plains Plastics factory. The factory is closed but two people are trying to enter.

Dave es guardia de seguridad en la fábrica High Plains Plastics. La fábrica está cerrada, pero dos personas intentan entrar en sus instalaciones.

Dave: Good evening! I'm sorry, but the factory is closed.

Man: Good evening! How are you, Mike?

Dave: Fine, thank you, but I am not Mike. I'm the new security guard. I need to see your identification.

Man: Sorry, I didn't know that Mike was no longer working here. Here you are. I am Robert Connors and this is my wife, Heather.

Dave: *¡Buenas noches! Lo siento, pero la fábrica está cerrada.*

Hombre: *¡Buenas noches! ¿Cómo estás, Mike?*

Dave: *Bien, gracias, pero no soy Mike. Soy el nuevo guardia de seguridad. Necesito ver su identificación.*

Hombre: *Disculpe, no sabía que Mike ya no trabajaba aquí. Aquí la tiene. Soy Robert Connors y ella es mi esposa, Heather.*

Woman: Nice to meet you.

Dave: Why do you need to go in?

Man: I think I left my wallet in the office this morning.

Dave: Do you work here?

Man: Yes, I'm the sales manager.

Dave: All right, Mr. Connors, we can get in. I'll go with you.

They find the wallet in Mr. Connors' office.

Man: Fortunately, my wallet was here.

Dave: Yes. Anyway, I have to write this incident in my report.

Man: Okay. No problem.

Mujer: *Encantada de conocerle.*

Dave: *¿Por qué necesitan entrar?*

Hombre: *Esta mañana creo que me dejé la cartera en la oficina.*

Dave: *¿Trabaja usted aquí?*

Hombre: *Sí, soy el gerente de ventas.*

Dave: *De acuerdo, Sr. Connors, podemos entrar. Iré con ustedes.*

Encuentran la cartera en la oficina del Sr. Connors.

Hombre: *Afortunadamente, la cartera estaba aquí.*

Dave: *Sí. En cualquier caso, tengo que anotar este incidente en mi informe.*

Hombre: *Muy bien. No hay problema.*

VOCABULARY

security	*seguridad*
security guard	*guardia de seguridad, vigilante*
suspicious	*sospechoso*
to allow	*permitir*
to catch	*atrapar*
to watch	*observar, mirar*

 USEFUL EXPRESSIONS AT WORK

Do you have access to this building?	*¿Tiene acceso a este edificio?*
We were alerted by the alarm system.	*Nos alertó la alarma.*
I work for a private company, not the police department.	*Trabajo para una compañía privada, no para el departamento de policía.*
You were caught on the security camera.	*Fuiste visto en la cámara de seguridad.*
That man looked suspicious.	*Ese hombre parecía sospechoso.*
I need to see your identification.	*Necesito ver su identificación.*
Entrance is not allowed.	*No se permite la entrada.*

¿De qué forma me puedo presentar a alguien en inglés?

Para presentarte dirás:

Hello, I am Margaret.	*Hola, soy Margaret.*
Hello, my name is Terry.	*Hola, me llamo Terry.*

Y responderás a alguien que se ha presentado diciendo:

Nice to meet you.	*Encantado/a de conocerle.*
It's a pleasure to meet you.	*Gusto en conocerles.*

Si presentas a alguien de manera coloquial, simplemente puedes decir:

This is Michael.	*Éste es Michael.*
This is my sister.	*Ésta es mi hermana.*

¿Cómo puedo preguntarle a alguien cómo se encuentra?

Cuando nos interesamos por el estado de una persona usamos la siguiente pregunta:

How are you?	*¿Cómo estás?, ¿Cómo está usted?*

Aunque también podemos usar coloquialmente:

How are you doing?	*¿Cómo estás?*
How is it going?	*¿Cómo va todo?*
How are things going?	*¿Cómo van las cosas?*
What's up?	*¿Qué tal?*

Y cuando te pregunten a ti, responderás:

Fine, thank you.	*Bien, gracias.*
I'm very well, thank you.	*Estoy muy bien, gracias.*

Recuerda las expresiones de agradecimiento.

Cuando quieras agradecer algo a alguien, dirás:

Thank you.	*Gracias.*
Thanks.	*Gracias.*
Thank you very much.	*Muchas gracias.*
Thanks a lot.	*Muchas gracias.*

Y para responder a un agradecimiento usarás:

You're welcome.	*De nada.*
Not at all.	*De nada.*
Don't mention it.	*No hay de qué.*

¿Cómo usamos el verbo "to be" en oraciones negativas y en preguntas?

El verbo **"to be"** se niega usando **"not"** tras dicho verbo. También puedes usar las formas contraídas de **"to be" + "not"**. Dichas formas son **"aren't"** e **"isn't"**, pues "am" y "not" no pueden contraerse.

I **am not** a painter.	*No soy pintor.*
You **are not (aren't)** Canadian.	*No eres canadiense.*
It **is not (isn't)** late.	*No es tarde.*

Y para formular preguntas usando el verbo **"to be"**, simplemente invertimos el orden y colocamos el verbo delante del sujeto.

Are you Mr. Robinson?	*¿Es usted el Sr. Robinson?*
Is it a quiet area?	*¿Es una zona tranquila?*
How **are you?**	*¿Cómo estás?*

No olvides que los signos de interrogación y exclamación sólo se usan al final de las oraciones.

How is it going**?**

Good morning**!**

EXERCISES

1. Usa la forma negativa contraída del verbo "to be" para completar las siguientes frases.

a) It .... a good idea.

b) You .... American.

c) I .... a butler.

d) They .... good neighbors.

2. ¿Cuál de las siguientes expresiones es respuesta a un agradecimiento?

a) Fine, thank you.

b) You're welcome.

c) Welcome!

3. Completa las preguntas con la forma correspondiente del verbo "to be" y el sujeto

a) .... a nice mansion?

b) .... Mrs. Fitzgerald? Yes, she is.

c) How .... going? Fine, thanks.

Key: 1.- a) isn't, b) aren't, c) am not, d) aren't; 2.- b; 3.- a) Is it, b) Is she, c) is it.

How long will you be staying?

DIALOGUE

Sebastian is one of the front desk agents of the Dolphin Hotel & Beach Resort. Two customers approach the front desk.

Sebastián es uno de los recepcionistas del complejo turístico Dolphin Hotel & Beach Resort. Dos clientes se acercan al mostrador.

Sebastian: Good morning! Welcome to Dolphin Hotel & Beach Resort!

Client: Good morning! I have a reservation under the name Clayton Santos.

Sebastian: Can you show me your I.D. or passport?

Client: Yes, here's my passport.

Sebastian: Thank you. I see you're Brazilian.

Client: Yes. Where are you from? Are you from Florida?

Sebastián: *¡Buenos días! ¡Bienvenidos al Dolphin Hotel & Beach Resort!*

Cliente: *¡Buenos días! Tengo una reserva a nombre de Clayton Santos.*

Sebastián: *¿Me puede mostrar su identificación o pasaporte?*

Cliente: *Sí, aquí está mi pasaporte.*

Sebastián: *Gracias. Veo que es brasileño.*

Cliente: *Sí. ¿De dónde es usted? ¿Es de Florida?*

Sebastian: No. I'm from Puerto Rico, but I have lived in Florida for four years. For how long will you be staying?

Client: We'll be staying for five nights.

Sebastian: All right, a double room for five nights. Here's the card to open the door. It's room 306, on the third floor.

Client: Thank you. Where is the elevator?

Sebastian: It's there, on the left. Remember that the main dining room is on the first floor.

Client: Great. We will come back to you for more information about the facilities and activities in this resort.

Sebastian: Okay, Mr. Santos. Enjoy your stay at the hotel.

Client: Thank you very much.

Sebastián: *No. Soy de Puerto Rico, pero vivo en Florida desde hace cuatro años. ¿Cuánto tiempo se quedarán?*

Cliente: *Estaremos cinco noches.*

Sebastián: *De acuerdo, una habitación doble para cinco noches. Aquí tiene la tarjeta para abrir la puerta. Es la habitación 306, en el tercer piso.*

Cliente: *Gracias. ¿Dónde está el ascensor?*

Sebastián: *Está ahí, la izquierda. Recuerden que el comedor principal se encuentra en el primer piso.*

Cliente: *Estupendo. Volveremos para pedirle más información sobre las instalaciones y actividades en este complejo turístico.*

Sebastián: *De acuerdo, Sr. Santos. Disfruten su estadía en el hotel.*

Cliente: *Muchas gracias.*

VOCABULARY

front desk	*recepción*
front desk agent	*recepcionista*
reservation	*reserva, reservación*
to make a reservation	*hacer una reservación*
to book	*reservar*
to check in	*registrarse*
to check out	*dejar el hotel*
single room	*habitación individual*
double room	*habitación doble*
resort	*complejo turístico*
vacancy	*habitación libre*
brochure	*volante, folleto*
amenities	*servicios*
baggage, luggage	*equipaje*

USEFUL EXPRESSIONS AT WORK

What name is the reservation under?	*¿A nombre de quién está la reserva?*
What kind of room would you like?	*¿Qué tipo de habitación desea?*
How long will you be staying?	*¿Cuánto tiempo se va(n) a quedar?*
The gym and the sauna are on the fifth floor.	*El gimnasio y la sauna están en el quinto piso.*
Breakfast is served between 7 and 10 am.	*El desayuno se sirve entre las 7 y las 10 de la mañana.*
What room are you in?	*¿En qué habitación está?*

ENGLISH IN PRACTICE

Recuerda que para preguntar por la **procedencia** de alguien has de usar la preposición **"from"**.

Where are you **from**? — *¿De dónde eres?, ¿De dónde es usted?*

Where is Paul **from**? — *¿De dónde es Paul?*

Y para responder a esas preguntas dirías:

I'm **from** Mexico. — *Soy mexicano/a.*

Paul is **from** the United States. — *Paul es de los Estados Unidos.*

¿Cómo puedo indicar **mi nacionalidad?**

Para indicar nacionalidades y países de origen, veamos el siguiente listado:

Country *País*	**Nationality** *Nacionalidad*
United Sates	*American*
Mexico	*Mexican*
Puerto Rico	*Puerto Rican*
Dominican Republic	*Dominican*
Cuba	*Cuban*
Guatemala	*Guatemalan*
El Salvador	*Salvadoran*
Honduras	*Honduran*
Nicaragua	*Nicaraguan*
Costa Rica	*Costa Rican*
Panama	*Panamanian*
Colombia	*Colombian*
Venezuela	*Venezuelan*
Ecuador	*Ecuadorian*
Peru	*Peruvian*
Bolivia	*Bolivian*
Paraguay	*Paraguayan*
Chile	*Chilean*
Argentina	*Argentinian*
Uruguay	*Uruguayan*
Brazil	*Brazilian*

No olvides que las nacionalidades siempre se escriben con letra mayúscula en inglés, y que, usadas como adjetivos, nunca se usan en plural.

I'm from Mexico. I'm Mexican.
Soy de México. Soy mexicano.

She's from Colombia. She's Colombian.
Ella es de Colombia. Es colombiana.

They're from the United States. They're American.
Ellos son de los Estados Unidos. Son estadounidenses.

Al despedirte de alguien, además de las expresiones ya conocidas, también puedes usar éstas:

Good night!	*¡Buenas noches!*
Have a nice day!	*¡Que tengas un buen día!*
Take care!	*¡Cuídate! / ¡Cuídese!*
So long!	*¡Hasta luego!*

EXERCISES

1. Completa las oraciones con países o nacionalidades.

a) We're from Argentina. We're ....

b) She's from .... She's Dominican.

c) I'm from Peru. I'm ....

2.- ¿Cuál de las siguientes expresiones tiene un sentido diferente a las otras dos?

a) So long!

b) See you tomorrow!

c) Good night!

3.- Ordena las palabras para expresar una pregunta y su respuesta.

RICARDO FROM IS WHERE ?

....

IS HONDURAS HE FROM.

....

Key: 1.- a) Argentinian, b) the Dominican Republic, c) Peruvian; 2.- a; 3.- WHERE IS RICARDO FROM? HE IS FROM HONDURAS.

Building a brick wall

DIALOGUE

Diego and Wilson are bricklayers and they are working at a construction site.

Diego y Wilson son albañiles y están trabajando en una obra.

Diego: We have to build a small wall here. There can only be three rows of bricks.

Wilson: All right. Then, it is not necessary to bring the cement mixer. We can mix the mortar in a wheelbarrow or in a bucket.

Diego: Well, I'll clean up the area. The sand, the cement, and the water are there. Can you mix the mortar?

Wilson: Sure.

***Diego:** Tenemos que levantar un pequeño muro aquí. Pueden ser solo tres líneas de ladrillos.*

***Wilson:** De acuerdo. Entonces no es necesario traer la hormigonera. Podemos hacer la mezcla en una carretilla o en un cubo.*

***Diego:** Bueno, voy a limpiar la zona. Allí están la arena, el cemento y el agua.* ¿Puedes hacer la mezcla tú?

***Wilson:** Sí, claro.*

Diego: We also need the trowel and the spirit level.

Wilson: Those tools are right over there.

Some minutes later…

Wilson: Here is the mortar. It's well mixed. It isn't too thick.

Diego: Well, wet that area now, please, and spread a layer of mortar. I'll bring the bricks.

Wilson: Okay. Remember that we have to place a beam on the upper story afterwards.

Diego: Yes, it won't take us long to build this wall. Let's get started.

Diego: *También necesitamos la espátula y el nivel.*

Wilson: *Esas herramientas están por allí.*

Unos minutos después …

Wilson: *Aquí está el cemento. Está bien mezclado. No está demasiado espeso.*

Diego: *Bueno, ahora humedece esa zona, por favor, y extiende una capa de cemento. Yo traeré los ladrillos.*

Wilson: *De acuerdo. Recuerda que después tenemos que colocar una viga en el piso superior.*

Diego: *Sí, no tardaremos mucho en levantar este muro. Vamos a empezar.*

VOCABULARY

brick	*ladrillo*
bricklayer	*albañil*
construction site	*obra*
construction worker	*obrero de la construcción*
wheelbarrow	*carretilla*
cement	*cemento*
cement mixer	*hormigonera*
concrete	*hormigón*
helmet	*casco*
trowel	*paleta, espátula, llana*
tool	*herramienta*
bucket	*cubo*
spirit level	*nivel*
mortar	*cemento, mortero, mezcla*
sand	*arena*
to mix	*mezclar*
plaster	*yeso*
to plaster	*revocar, enlucir*
shovel	*pala*
scaffold	*andamio*
ladder	*escalera*

USEFUL EXPRESSIONS AT WORK

There are some men laying bricks at the construction site.	*Hay algunos hombres poniendo ladrillos en la obra.*
We need to add more cement and water in the cement mixer.	*Necesitamos añadir más cemento y agua a la hormigonera.*
For safety reasons you must always wear your helmet.	*Por motivos de seguridad siempre tienes que llevar puesto el casco.*
You should put some mixed stucco on the trowel and start plastering the walls.	*Deberías poner estuco en la llana y empezar a revocar las paredes.*
It's risky to work standing on a scaffold.	*Es arriesgado trabajar sobre un andamio.*
I need a shovel and a wheelbarrow to take away all this dirt.	*Necesito una pala y una carretilla para llevarme toda esta suciedad.*
Can you give me the spirit level? I think the floor is not completely flat.	*¿Puedes darme el nivel? Creo que el piso no está completamente plano.*

ENGLISH IN PRACTICE

¿Cuál es la diferencia entre el uso del artículo indeterminado "a(n)" y el artículo determinado "the"?

- El artículo indeterminado **"a(n)"** *(un, una)* se usa:
  - Delante de un nombre contable en singular cuando nos referimos a él por primera vez:

    It is **a** brick. *Es un ladrillo.*
  - Al hablar de profesiones u ocupaciones (cuando el sujeto sea singular).

    Diego is **a** bricklayer. *Diego es albañil.*

Pero recuerda que se utiliza **"a"** delante de palabras que comienzan por consonante (sonido consonántico) y **"an"** delante de palabras que comiencen por vocal (sonido vocálico) o "h" no sonora.

Pedro is **a** mechanic and Lana is **an** architect.
Pedro es mecánico y Lana es arquitecta.

- El artículo determinado **"the"** *(el, la, los, las)* se usa:
  - Cuando el hablante y el oyente conocen aquello que se trata:

    The wheelbarrow is over there. *La carretilla está por allí.*
  - Al hablar de algo o alguien único:

    He is **the** manager. *Él es el encargado.*
  - Con nombres de hoteles, restaurantes, museos, periódicos, teatros, etc.

    I work at **the** Royal Hotel.
    Trabajo en el Hotel Royal.

    That newspaper is **the** Miami Herald.
    Ese periódico es el Miami Herald.

No olvides que el artículo **"the"** se puede pronunciar de dos maneras. De forma general, si precede a una palabra que comienza con un sonido consonántico, se pronuncia /ðe/, pero si va delante de una palabra que comienza con un sonido de vocal, se pronuncia /ði/.

Recuerda ahora algunas expresiones útiles en inglés.

Cuando no escuches bien algo y quieras que lo repitan, usarás expresiones como:

What?	*¿Qué?*
Pardon?	*¿Cómo dice?*
Excuse me?	*¿Cómo?*

Y para pedir disculpas dirás:

Excuse me.	*Disculpe. / Perdone.*
Sorry / I'm sorry.	*Lo siento. / Lo lamento.*

EXERCISES

1. Completar con el artículo indeterminado (a/an), cuando sea necesario.

a) She's .... artist.

b) They are .... painters.

c) Is it .... helmet?

d) I am .... engineer.

2. Completa los espacios con los artículos "the" o "a/an".

a) They are Mexican. .... director is from Puebla and .... secretary is from Veracruz.

b) We are at .... Metropolitan Hotel.

c) It is .... Washington Post.

d) He is .... electrician.

3. Ordena las letras para formar palabras. Son objetos relacionados con la albañilería.

T H E M E L ....

L S E V O H ....

K E B T U C ....

L T W E O R ....

K I R C B ....

Key: 1.- a) an, b) -, c) a, d) an; 2.- a) The / the, b) the, c) the, d) an; 3.- a) HELMET, b) HOVEL, c) BUCKET, d) TROWEL, e) BRICK.

The pool needs cleaning

DIALOGUE

Mrs. Howard and Manuel, the pool cleaner, are talking in the garden at Mrs. Howard's mansion.

La Sra. Howard y Manuel, el limpiador de piscinas, están hablando en el jardín de la mansión de la Sra. Howard.

Mrs. Howard: This is my house. Here I live with my husband and my youngest daughter, although my other children often visit us.

Manuel: It's a very nice mansion.

Mrs. Howard: Yes, indeed. Here is the pool. Now it's empty because we want to clean it. My daughter and her friends are having a party here next weekend and everything has to be perfect.

Manuel: Do you have any cleaning products?

Sra. Howard: *Ésta es mi casa. Aquí vivo con mi esposo y mi hija menor, aunque mis otros hijos nos visitan a menudo.*

Manuel: *Es una mansión muy bonita.*

Sra. Howard: *Sí, lo es. Aquí está la piscina. Ahora está vacía porque queremos limpiarla. Mi hija y sus amigos celebrarán una fiesta aquí el próximo fin de semana y todo tiene que estar perfecto.*

Manuel: *¿Tiene productos de limpieza?*

Mrs. Howard: Yes, the tools and cleaning products are in that shed. And this is the filter system.

Sra. Howard: *Sí, las herramientas y los productos de limpieza están en ese almacén. Y ésta es la depuradora.*

Manuel: Well, the pool isn't very dirty, but there are some stains on the bottom and the walls. I'll also check that the skimmers are clean.

Manuel: *Bueno, la piscina no está muy sucia, pero tiene algunas manchas en el fondo y en las paredes. También comprobaré que los skimmers estén limpios.*

Manuel comes into the mansion after cleaning the pool.

Manuel entra en la mansión tras limpiar la piscina.

Manuel: Mrs. Howard, your pool is already clean. Now you should fill it up with water. Don't forget to add some chlorine frequently, as well as some algaecide.

Manuel: *Sra. Howard, su piscina ya está limpia. Ahora debería llenarla de agua. No olvide añadirle cloro con frecuencia y también algún alguicida.*

Mrs. Howard: You're a good worker, Manuel. Could you take care of the pool maintenance from today on?

Sra. Howard: *Eres un buen trabajador, Manuel. ¿Puedes ocuparte del mantenimiento de la piscina desde hoy?*

Manuel: Yes, I'd love to. Thank you for your offer.

Manuel: *Sí, me encantaría. Gracias por su ofrecimiento.*

VOCABULARY

algae	*algas*
algaecides	*alguicidas*
automatic pool cleaner	*limpiador de piscina automático*
chlorine	*cloro*
cleaner	*limpiador*
corrosion	*corrosión*
filter	*filtro*
filter system	*depuradora*
hand skimmer	*limpiador manual de superficie*
(swimming) pool	*piscina*
pool cleaner	*limpiador de piscinas*
pump	*bomba*
skimmer	*skimmer*
skimmer basket	*cesta del skimmer*
test kit	*equipo de medición*
turbid	*turbio*
vacuum	*aspirar*
vacuum cleaner	*aspiradora*

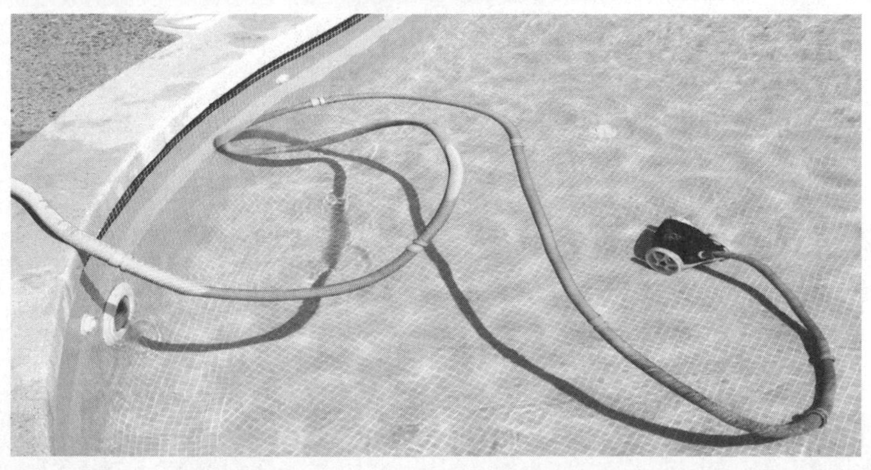

USEFUL EXPRESSIONS AT WORK

Basic water testing includes checking the levels of chlorine, alkalinity, and pH.	*La medición básica del agua incluye la comprobación de los niveles de cloro, alcalinidad y pH.*
These skimmer baskets are full of leaves.	*Estas cestas del skimmer están llenas de hojas.*
That pool has algae and the water is turbid because it hasn't been maintained for many days.	*Esa piscina tiene algas y el agua está turbia porque no se le ha dado mantenimiento durante muchos días.*
I use the hand skimmer when there are leaves or insects on the surface of the pool.	*Paso el limpiador por la superficie de la piscina cuando hay hojas o insectos flotando.*
I must add chlorine to the pool water and clean the filters every two days.	*Cada dos días tengo que añadir cloro al agua de la piscina y limpiar los filtros.*
We're running out of chlorine for the pool.	*Nos estamos quedando sin cloro para la piscina.*
Check that the water level is high enough for the pump to operate correctly.	*Comprueba que el nivel de agua está lo suficientemente alto para que la bomba funcione correctamente.*

ENGLISH IN PRACTICE

¿Cómo puedo indicar en inglés que algo me pertenece?

Para ello vamos a usar los **adjetivos posesivos**, que estarán colocados delante de aquello que se posee. Son los siguientes:

my	*mi, mis*
your	*tu, tus* *su, sus (de usted)*
his	*su, sus (de él)*
her	*su, sus (de ella)*
its	*su, sus (de un animal u objeto)*
our	*nuestro/a/os/as*
your	*su, sus (de ustedes)*
their	*su, sus (de ellos/as)*

Como podemos ver, estos adjetivos son invariables, ya acompañen a un nombre en singular o en plural.

Where is **my** testing kit? *¿Dónde está mi equipo de medición?*

My children aren't at home now. *Mis hijos no están en casa ahora.*

El adjetivo posesivo "**its**" indica pertenencia de algo a una cosa, lugar o animal y hay que tener cuidado de no confundirlo con la contracción "it's (it is)".

The dog is in **its** kennel. *El perro está en su caseta.*

Recuerda que para referirnos a un objeto cercano al hablante usaremos **"this"** *(este, esta, esto)*, y si se encuentra a cierta distancia usaremos **"that"** *(ese, esa, eso, aquel, aquella, aquello)*. Son los llamados **adjetivos demostrativos**.

This vacuum cleaner is very useful. *Esta aspiradora es muy útil.*

That swimming pool is dirty. *Esa piscina está sucia.*

Y si nos referimos a varios objetos, utilizaremos **"these"** *(estos/as)* y **"those"** *(esos/as, aquellos/as)*.

These algae are easy to remove. *Estas algas son fáciles de eliminar.*

Those mansions are really luxurious. *Esas mansiones son realmente lujosas.*

¿Qué expresión puedo usar para agradecer un servicio?

Cuando queramos agracer un hecho o un servicio usaremos la siguiente expresión:

Thank you for ...

Dicha expresión irá seguida de un nombre o de un verbo. En este último caso el verbo acabará en "-ing".

Thank you for your offer. *Gracias por su ofrecimiento.*

Thank you for coming. *Gracias por venir.*

EXERCISES

1.- Corrige los errores en las frases incorrectas.

a) These is my cell phone.

b) Are those men the pool cleaners?

c) That car is very expensive.

d) I use this tools.

2.- Completar con el adjetivo posesivo correspondiente.

a) We are working here. This is .... equipment.

b) She is Mrs. Hamilton. That is .... husband.

c) They are my assistants. .... names are John and Craig.

3.- Encuentra cinco adjetivos posesivos en la siguiente sopa de letras.

T	A	I	R	M
H	M	H	U	T
E	E	I	O	S
I	T	S	Y	H
R	U	O	R	E

Key: 1.- a) This is my cell phone, d) I use these tools. / I use this tool.; 2.- a) our, b) her, c) Their; 3.- THEIR, ITS, HIS, OUR, YOUR.

A table for two, please

DIALOGUE

Juan Pablo works as a waiter in one of the restaurants at the resort. He welcomes some customers.

Juan Pablo trabaja como camarero en uno de los restaurantes del complejo turístico. Recibe a algunos clientes.

Juan Pablo: Hello, can I help you?

Customer 1: Yes, a table for two, please.

Juan Pablo: This way, please.

They take a seat.

Customer 1: Can we have the menu, please?

Juan Pablo: Sure, here it is. Today's special is grilled sole. I'll be back to take your order in a few minutes.

Juan Pablo: *Hola, ¿puedo ayudarles?*

Cliente 1: *Sí, una mesa para dos, por favor.*

Juan Pablo: *Por aquí, por favor.*

Toman asiento.

Cliente 1: *¿Nos puede dar el menú?*

Juan Pablo: *Claro, aquí está. El plato especial de hoy es lenguado a la parrilla. Volveré para tomar su pedido en unos minutos.*

Five minutes later…

Juan Pablo: Are you ready to order?

Customer 1: Yes, I'd like the grilled sole with boiled potatoes and she'll have the vegetable pasta.

Juan Pablo: Those are very good choices. Would you like anything to drink?

Customer 2: Yes, I'll have a glass of red wine.

Juan Pablo: And for you?

Customer 1: A bottle of sparkling water, please.

Juan Pablo: Okay. So that's one grilled sole with boiled potatoes, a vegetable pasta, red wine and sparkling water.

Juan Pablo takes them their meals.

Juan Pablo: Here you are: the grilled sole for you and the vegetable pasta for you. Enjoy your meal!

Twenty minutes later…

Juan Pablo: How was everything?

Customers: Delicious, thanks.

Juan Pablo: Can I get you anything else? Dessert? Coffee?

Customer 1: No, thank you. Just the check, please.

Cinco minutos después …

Juan Pablo: *¿Ya tienen su pedido?*

Cliente 1: *Sí, yo quiero el lenguado a la parrilla con papas cocidas y ella comerá la pasta de vegetales.*

Juan Pablo: *Ésas son buenas elecciones. ¿Desean algo para tomar?*

Cliente 2: *Sí, tomaré una copa de vino tinto.*

Juan Pablo: *¿Y para usted?*

Cliente 1: *Una botella de agua con gas, por favor.*

Juan Pablo: *De acuerdo. Entonces es un lenguado a la parrilla, una pasta de vegetales, vino tinto y agua con gas.*

Juan Pablo les lleva sus comidas.

Juan Pablo: *Aquí tienen: el lenguado a la parrilla para usted y la pasta de vegetales para usted. ¡Buen provecho!*

Veinte minutos más tarde …

Juan Pablo: *¿Qué tal estaba todo?*

Clientes: *Delicioso, gracias.*

Juan Pablo: *¿Les puedo traer algo más? ¿Postre? ¿Café?*

Cliente 1: *No, gracias. Solo la cuenta, por favor.*

VOCABULARY

waiter / waitress	*mesero / mesera*
menu	*menú*
meal	*comida*
order	*orden, comanda, pedido*
appetizer	*aperitivo*
main course	*plato principal*
dessert	*postre*
tablecloth	*mantel*
glass	*vaso, copa*
dish / plate	*plato*
fork	*tenedor*
spoon	*cuchara*
knife	*cuchillo*
napkin	*servilleta*
check	*cuenta*
bill	*billete*
coin	*moneda*
tip	*propina*
to serve	*servir*

USEFUL EXPRESSIONS AT WORK

May I take your order?	*¿Le puedo tomar la orden?*
How would you like your steak? Rare, medium or well-done?	*¿Cómo quiere su filete? ¿Poco hecho, al punto o muy hecho?*
Anything to drink?	*¿Algo para tomar?*
There are special menus for vegetarians or for people who are on a special diet.	*Hay comidas especiales para vegetarianos o para gente que tiene una dieta especial.*
Enjoy your meal!	*¡Buen provecho!*
May I get you anything else?	*¿Puedo traerle algo más?*
Can I get the check, please?	*¿Me puede traer la cuenta, por favor?*
Thank you for the tip.	*Gracias por la propina.*

ENGLISH IN PRACTICE

¿Cómo puedo expresar acciones cotidianas o rutinarias del día a día?

Para expresar acciones habituales o rutinarias se usa el presente simple, que se forma con el infinitivo del verbo (sin "to"). Este infinitivo es el mismo para todas las persona, excepto para la 3ª persona del singular (he/she/it), donde se añade una "s".

I **serve** food and drinks to our customers.
Yo sirvo comida y bebida a nuestros clientes.

Ronnie **lays** the table every day.
Ronnie pone la mesa todos los días.

They **drink** coffee after lunch.
Ellos toman café después del almuerzo.

¿Siempre se añade una "s" al infinitivo del verbo cuando nos referimos a una tercera persona?

Como regla general, sí. Hay algunos verbos, como "to be" o "to have", así como denominados verbos modales (can, must, etc.), cuyas formas son un poco diferentes, pero el resto de los verbos, sí la añaden.

She **works** as a waitress. *Trabaja como camarera.*

Has de considerar que hay casos en los que en lugar de "s" se añade "es" al infinitivo del verbo, y esto ocurre cuando dicho infinitivo acaba en "s", "sh", "ch", "x", "o" y "z".

He **washes** his hands.	*Él se lava las manos.*
Tom **watches** television in the evening.	*Tom ve la televisión por la noche.*
Lara **goes** to the restaurant on Mondays.	*Lara va al restaurante los lunes.*

Si el infinitivo acaba en "y" hemos de ver la letra que la precede. Si es una vocal, en 3ª persona del presente solo se añade una "s", pero si hay una consonante delante de la "y", ésta cambia a "i" y se añade "es". Veamos unos ejemplos:

[to **lay** the table: *poner la mesa*]

He **lays** the table.	*Él pone la mesa.*

[to **study**: *estudiar*]

My cousin **studies** French.	*Mi prima estudia francés.*

¿Qué ocurre cuando usamos el presente simple de forma negativa?

En ese caso usarás **"don't"** delante del infinitivo para todas las personas, excepto para la 3ª persona del singular, donde usarás **"doesn't"**. En este caso, el infinitivo no añade la "s".

I **don't work** in that restaurant.	*Yo no trabajo en ese restaurante.*
She **doesn't work** in that restaurant.	*Ella no trabaja en ese restaurante.*
We **don't serve** fast food.	*No servimos comida rápida.*
He **doesn't serve** fast food.	*Él no sirve comida rápida.*

¿Y cómo realizo una pregunta en presente simple?

Para formular preguntas has de usar **"do"** delante de cualquier sujeto, excepto en los casos en los que el sujeto sea una 3ª persona en singular, donde tendrás que usar **"does"**. En ambos casos, el verbo siempre aparece en infinitivo.

Do you **live** in New York?	*¿Vives en Nueva York?*
Does she **live** in New York?	*¿Vive ella en Nueva York?*

Finalmente, ¿cómo puedo responder a estas preguntas?

Puedes responder de dos maneras: una más extensa y otra más corta.

Do you live in New York?	Yes, I live in New York.	*Sí, vivo en Nueva York.*
	Yes, I do.	*Sí.*

Recuerda que para responder una pregunta de forma corta solo se usan "Yes" o "No", el sujeto correspondiente y "do", "does", "don't" o "doesn't". Veamos unos ejemplos:

Do they eat pasta? **Yes**, they **do**.	*¿Ellos comen pasta? Sí.*
Do you smoke? **No**, I **don't**.	*¿Fumas? No.*
Does Michael study English? **Yes**, he **does**.	*¿Michael estudia inglés? Sí.*
Does your mother play tennis? **No**, she **doesn't**.	*¿Juega tu madre al tenis? No.*

EXERCISES

1.- Conjuga los verbos en tercera persona del singular del presente simple:

a) do .... b) buy ....

c) take .... d) study ....

e) push ....

2.- Completa los espacios con el verbo y la forma correspondientes en presente simple.

a) She .... to bed late. b) They .... the newspaper.

c) We .... in a bank. d) My brother .... television in the evening.

e) I .... in an apartment.

3.-Completa las oraciones con los siguientes verbos de forma negativa o interrogativa, según corresponda. Verbos: have, speak, wash, do.

a) Her boyfriend .... Spanish.

b) .... Robert .... his car?

c) I .... a new computer.

d) .... you .... your homework?

Key: 1.- a) does, b) buys, c) takes, d) studies, e) pushes; 2.- a) goes; b) read; c) work; d) watches, e) live; 3.- a) doesn't speak, b) Does ... wash, c) don't have, d) Do ... do.

Checking the status of an order

DIALOGUE

A client calls the office at the factory to check the status of an order. Gloria, an office assistant, takes the call.

Una clienta llama a la oficina de la fábrica para comprobar el estado de un pedido. Gloria, una auxiliar administrativa, responde la llamada.

Gloria: Good afternoon. This is High Plains Plastics. How may I help you?

Gloria: *Buenas tardes. High Plains Plastics. ¿En qué puedo ayudarle?*

Client: Hello. I am calling to check the status of an order, however I don't remember my reference number. Is there another way to check it?

Cliente: *Hola. Llamo para comprobar el estado de un pedido, sin embargo no recuerdo mi número de referencia. ¿Hay alguna otra manera de comprobarlo?*

Gloria: That's not a problem, ma'am, because I can find your reference number and check the status of your order using your last name.

Client: Perfect. My last name is Doyle.

Gloria: Okay. I have found your order number, Mrs. Doyle. It is 684667.

Client: 684667, I got it. Thank you. So, what is the status of the order?

Gloria: According to our records, your order was placed two weeks ago. So, it should be ready within the next three weeks, as it takes normally five weeks to process an order. Feel free to call back in one week and use my extension, which is ext. 46. My name is Gloria. I'll be glad to check your order again or try to answer any other inquiries you might have.

Client: Thank you so much. Have a nice afternoon.

Gloria: *No hay problema, señora, porque puedo encontrar su número de referencia y comprobar el estado de su pedido por medio de su apellido.*

Cliente: *Perfecto. Mi apellido is Doyle.*

Gloria: *De acuerdo. He encontrado su número de pedido, Sra. Doyle. Es el 684667.*

Cliente: *684667, ya lo tengo. Gracias. Entonces, ¿en qué estado se encuentra el pedido?*

Gloria: *Según nuestros registros, su pedido se encargó hace dos semanas. Por lo tanto, debería estar listo en las próximas tres semanas, ya que normalmente se tardan cinco semanas en procesar un pedido. No dude en volver a llamar dentro de una semana y utilice mi extensión, que es la ext. 46. Me llamo Gloria. Estaré encantada de comprobar su pedido de nuevo o intentar responder a cualquier otra consulta que pueda tener.*

Cliente: *Muchas gracias. Tenga una buena tarde.*

VOCABULARY

office assistant	*auxiliar administrativa*
desk	*escritorio*
records	*registro*
file	*archivo*
folder	*carpeta*
photocopier	*fotocopiadora*
printer	*impresora*
ink cartridge	*cartucho de tinta*
stapler	*grapadora*
bill	*factura*
inquiry	*consulta*
spreadsheets	*hojas de cálculo*
to make a call	*hacer una llamada*
to leave a message	*dejar un mensaje*
to take a message	*tomar un mensaje*
to schedule a meeting	*programar una reunión*

USEFUL EXPRESSIONS AT WORK

It is necessary to have the reference number in order to check the status of your order.	*Es necesario tener el número de referencia para poder comprobar el estado de su pedido.*
I have to make several copies of these files and check the toner supply of all of the printers.	*Tengo que hacer algunas copias de estos archivos y verificar el estado del tóner de todas las impresoras.*
According to our records, you payed your bill two weeks ago.	*Según nuestros registros, usted pagó su factura hace dos semanas.*
Use extension 7 when you call to reach the accounting department.	*Use la extensión 7 cuando llame para acceder al departamento de contabilidad.*
I will try to answer any inquiries you might have.	*Intentaré responder a cualquier consulta que pueda tener.*
My least favorite task is creating spreadsheets with the monthly updated contact information of our clients.	*La tarea que menos me gusta es crear hojas de cálculo con la información de contacto actualizada mensualmente de nuestros clientes.*
Would you like to leave a message for Mr. Patterson?	*¿Quiere dejar un mensaje para el Sr. Patterson?*

ENGLISH IN PRACTICE

¿Para qué se usan los pronombres posesivos?

Los **pronombres posesivos** se usan para indicar algo que se posee y sustituyen a adjetivos posesivos y a los nombres que éstos acompañan. Veamos un ejemplo.

This is **my computer**. It's **mine**. (mine = my computer)
Ésta es mi computadora. Es mía.

Los pronombres posesivos son los siguientes:

mine	*(el) mío, (la) mía, (los) míos, (las) mías*	
yours	*(el) tuyo, (la) tuya, (los) tuyos, (las) tuyas*	
	(el) suyo, (la) suya, (los) suyos, (las) suyas	*[de usted]*

his	*(el) suyo, (la) suya, (los) suyos, (las) suyas*	*[de él]*
hers	*(el) suyo, (la) suya, (los) suyos, (las) suyas*	*[de ella]*
its	*(el) suyo, (la) suya, (los) suyos, (las) suyas*	*[de un objeto o animal]*
ours	*(el) nuestro, (la) nuestra, (los) nuestros, (las) nuestras*	
yours	*(el) suyo, (la) suya, (los) suyos, (las) suyas*	*[de ustedes]*
theirs	*(el) suyo, (la) suya, (los) suyos, (las) suyas*	*[de ellos/as]*

Como podemos ver, excepto "mine", el resto de pronombres posesivos tienen la misma forma que los adjetivos posesivos correspondientes, a los que se les añade una "s", salvo los casos que ya acaban en "s" (his, its), que tienen la misma forma como adjetivos que como pronombres.

My car is black and **yours** is white.
Mi auto es negro y el tuyo es blanco.

This is your cell phone. **Hers** is on the table.
Éste es tu celular. El suyo (de ella) está en la mesa.

She likes her job, but she doesn't like mine.
A ella le gusta su trabajo, pero no le gusta el mío.

¿Cómo puedo unir varios elementos en una frase o incluso frases enteras a otras?

Para ello usarás los **"conectores"**. Los más frecuentes son **"and"**, **"or"** y **"but"**.

And *(y)* se utiliza para unir elementos o frases que tienen cierta relación.

Robert **and** Tom are my colleagues.
Robert y Tom son mis compañeros de trabajo.

I live in Miami **and** you live in Houston.
Yo vivo en Miami y tú vives en Houston.

Or *(o)* se utiliza para presentar una alternativa.

Are you an architect **or** an engineer?
¿Es usted arquitecto o ingeniero?

She is Italian **or** French. I don't remember.
Ella es italiana o francesa. No recuerdo.

But *(pero, sino)* se usa para expresar contraste.

She isn't very friendly, **but** I like her.
Ella no es muy simpática, pero me gusta.

I don't speak English, **but** Spanish.
Yo no hablo inglés, sino español.

Al hablar de cantidades siempre usamos números. ¿Cuáles son los números en inglés?

Los números en inglés son los siguientes:

1	one	11	eleven	21	twenty-one
2	two	12	twelve	27	twenty-seven
3	three	13	thirteen	30	thirty
4	four	14	fourteen	40	forty
5	five	15	fifteen	50	fifty
6	six	16	sixteen	60	sixty
7	seven	17	seventeen	70	seventy
8	eight	18	eighteen	80	eighty
9	nine	19	nineteen	90	nintey
10	ten	20	twenty	100	one hundred

Recuerda:

Entre las decenas y las unidades siempre has de usar un guion al escribir.

I am **forty-two** years old. *Tengo cuarenta y dos años.*

Al referirte a *"cientos"* utilizarás **"hundred"**, para *"miles"* usarás la palabra **"thousand"**, y al referirte a *"millones"*, usarás **"million"**. Estas palabras no se usan en plural al decir una cifra. Además, los miles y millones se marcan con una coma, y no con un punto.

32,879: thirty-two thousand eight hundred seventy-nine

EXERCISES

1. Usa adjetivos o pronombres posesivos, concordando con el sujeto cuando sea posible.

a) This is his telephone. It's ....

b) We are living in .... new house.

c) That is her pencil. It's ....

d) You have my telephone number but I don't have ....

2. Completar las frases con "and", "or" o "but".

a) Do you prefer beer .... wine?

b) I need some milk, butter, ... bread.

c) They study a lot, ... they never pass their exams.

d) The mattress is very comfortable, ... the pillow isn't.

e) The alarm clock isn't in the drawer, ... on the night table

Key: 1.- a) his, b) our, c) hers, d) yours; 2.- a) or, b) and, c) but, d) but, e) but

Can you take care of the children?

DIALOGUE

Camila, a nanny, is meeting Mrs. Howard and her nieces for the first time.

Camila, una niñera, se encuentra con la Sra. Howard y sus sobrinas por primera vez.

Mrs. Howard: Good evening, Camila! It's a pleasure to meet you. These are my nieces, Julie and Ashley. They're staying with us for a while. Girls, say "Hello".

Sra. Howard: *¡Buenas tardes, Camila! Es un placer conocerte. Éstas son mis sobrinas, Julie y Ashley. Se están quedando con nosotros durante un tiempo. Niñas, saluden.*

Julie and Ashley: Hello!

Julie y Ashley: *¡Hola!*

Camila: Good evening, Mrs. Howard! Hello, girls!

Camila: *¡Buenas tardes, Sra. Howard! ¡Hola, niñas!*

Mrs. Howard: By the way, what other days of the week are you available?

Sra. Howard: *Por cierto, ¿qué otros días de la semana estás disponible?*

Camila: I am free on Mondays and Wednesdays.

Camila: *Estoy libre los lunes y miércoles.*

Mrs. Howard: Perfect! That is when my sister and I go play tennis with our friends. Apart from today, can you take care of the girls next Monday from 6 pm to 9 pm?

Camila: Yes, of course.

Mrs. Howard: All right. The girls need help to do their homework. Around 8 o'clock they have dinner. Then, put them to bed at 9 o'clock. They must be asleep by 9:30.

Camila: No problem. Girls, which one of you has the biggest appetite?

Julie: I do! I love French fries!

Ashley: Me too. They are my absolute favorite!

Mrs. Howard: I am sure you three will get along very well.

Camila: I think so too, thank you.

Sra. Howard: *¡Perfecto! Es cuando mi hermana y yo vamos a jugar al tenis con nuestras amigas. Además de hoy, ¿puedes cuidar a las niñas el próximo lunes de 6:00 pm a 9:00 pm?*

Camila: *Sí, por supuesto.*

Sra. Howard: *De acuerdo. Las niñas necesitan ayuda para hacer sus deberes. Alrededor de las 8 cenan. Luego acuéstalas a las 9:00 en punto. Deben estar dormidas para las 9:30.*

Camila: *No hay problema. Niñas, ¿quién de ustedes tiene más apetito?*

Julie: *¡Yo! ¡Me encantan las papas fritas!*

Ashley: *A mí también. ¡Son mis favoritas!*

Sra. Howard: *Estoy segura de que ustedes tres se llevarán muy bien.*

Camila: *Yo también lo creo, gracias.*

VOCABULARY

nanny	*niñera*
babysitter	*niñera, nana*
boogers	*mocos*
poo	*caca*
pee pee / wee wee	*pis*
potty	*orinal*
diaper	*pañal*
teddy (bear)	*oso de peluche*
wipes	*toallitas*
baby food	*papilla*
bib	*babero*
cuddle / hug	*abrazo*
naughty	*travieso*
to behave	*comportarse*
to calm down	*relajarse*
to feed	*dar de comer*
to get dressed	*vestirse*

USEFUL EXPRESSIONS AT WORK

Can your daughter use the restroom on her own, or does she need help?	*¿Puede ir al baño su hija sola o necesita ayuda?*
It is getting late. I will only read one more story.	*Se está haciendo tarde. Solo leeré un cuento más.*
A nanny must always know the location of the first aid kit.	*Una niñera siempre tiene que saber dónde está el botiquín.*
After lunch, we can all go to the park and have fun.	*Después de la comida podemos ir todos al parque y divertirnos.*
Behave, and finish everything on your plate.	*Compórtate y termina todo lo que tienes en tu plato.*
Please, put your pajamas on. Then fold your clothes and put them on this chair.	*Por favor, pónganse los pijamas. Luego doblen su ropa y pónganla sobre esta silla.*
I am turning off the television because it is time to go to bed.	*Voy a apagar la televisión porque es hora de acostarse.*

ENGLISH IN PRACTICE

¿Cómo puedo preguntar por cosas, personas, lugares, momentos, etc.?

Los pronombres interrogativos son palabras que utilizamos al principio de las preguntas para demandar información acerca de cosas, personas, lugares, momentos, etc.

Los más frecuentes son:

What?	*¿Qué, (cuál/cuáles)?*
Where?	*¿Dónde?*
Who?	*¿Quién? / ¿Quiénes?*
When?	*¿Cuándo?*
How?	*¿Cómo?*

What is her address?	*¿Cuál es su dirección?*
Where are you from?	*¿De dónde eres?*
Who is she?	*¿Quién es ella?*
When is your birthday?	*¿Cuándo es tu cumpleaños?*
How are you?	*¿Cómo estás?*

En muchas ocasiones podemos encontrar contracciones con **"is".**

What is = What's	**What's** your name?	*¿Cuál es tu nombre?*
Where is = Where's	**Where's** the car?	*¿Dónde está el auto?*

Estas preguntas no se pueden responder con un "sí" o un "no", por lo que no se pueden usar las respuestas cortas, sino que se necesitan respuestas más elaboradas.

What is your name? My name is Bob.	*¿Cuál es tu nombre? Me llamo Bob.*
Where is Susan? She is in Detroit.	*¿Dónde está Susan? Está en Detroit.*
Who is Mr. King? He is my father.	*¿Quién es el Sr. King? Es mi padre.*
When is the match? At five o'clock.	*¿Cuándo es el partido? A las cinco.*
How are you? I'm fine, thanks.	*¿Cómo estás? Estoy bien, gracias.*

Y si me refiero a la hora, ¿cómo puedo pedirla o darla?

Para preguntar la hora decimos:

What time is it?
What's the time? } *¿Qué hora es?*

Y para responder a esta pregunta, podemos decir:

It's twenty after two. *Son las dos y veinte.*

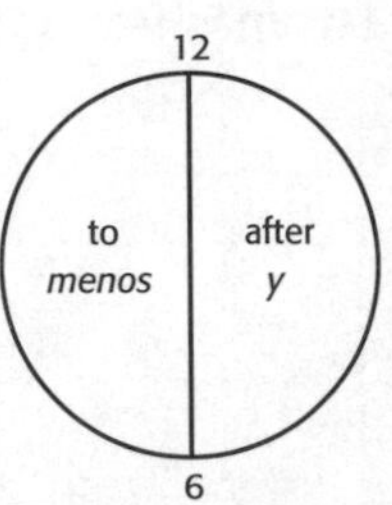

Como vemos en el ejemplo, primero expresamos los minutos y luego las horas. Entre los minutos y las horas usaremos **"after"**, si el minutero está entre las 12 y las 6, o **"to"**, si el minutero está entre las 6 y las 12, es decir, **"after"** corresponde a *"y"* y **"to"** corresponde a *"menos"*.

La forma completa es: **It's** + minutos + **after / to** + hora

01:10 It's ten **after** one. *Es la una y diez.*
03:55 It's five **to** four. *Son las cuatro menos cinco.*

Para marcar las horas en punto usarás **"o'clock".**

02:00 It's two **o'clock.** *Son las dos en punto.*

Para marcar las horas y media: It's + **half past** + hora

11:30 It's **half past** eleven. *Son las once y media.*

Y para marcar los cuartos: It's + **a quarter** + **after / to** + hora

08:15 It's **a quarter after** eight. *Son las ocho y cuarto.*

EXERCISES

1. Completa las preguntas con pronombres interrogativos.

a) .... is the diaper? It's in the bathroom.

b) .... are you available? On Tuesdays and Fridays.

c) .... are these people? They're my colleagues.

2. Escribe las siguientes horas en inglés.

a) Son las tres y cuarto:

....

b) Son las once menos diez:

....

Key: 1.- a) Where, b) When, c) Who; 2.- It's a quarter after three, b) It's ten to eleven.

I have a complaint

DIALOGUE

Fernando is a customer service representative at the resort and is helping a guest who has a complaint about her room.

Fernando es un agente del servicio al cliente en el complejo turístico y está ayudando a una clienta que tiene una queja sobre su habitación.

Fernando: Good afternoon! How may I help you?

Guest: Hi! I would like to file a complaint about my room.

Fernando: Okay. Tell me, what room is it?

Guest: Room number 189.

Fernando: I'll take note of it. What's your name, please?

Guest: Amanda Sheridan.

Fernando: Could you spell your last name for me, please?

Fernando: *¡Buenas tardes! ¿Cómo puedo ayudarle?*

Huésped: *¡Hola! Quería presentar una queja por mi habitación.*

Fernando: *De acuerdo. Dígame. ¿Qué habitación es?*

Huésped: *Habitación número 189.*

Fernando: *Tomaré nota de ello. ¿Cuál es su nombre, por favor?*

Huésped: *Amanda Sheridan.*

Fernando: *¿Podría deletrearme su apellido, por favor?*

Guest: Yes. S-H-E-R-I-D-A-N.

Huésped: *Sí. S-H-E-R-I-D-A-N.*

Fernando: What exactly is your complaint?

Fernando: *¿Cuál es realmente su queja?*

Guest: Well, when I arrived the staff were a bit rude, and when I got to my room the bed sheets and towels were not clean. I requested housekeeping and had to wait about an hour and a half before anyone came to help me.

Huésped: *Bueno, cuando llegué el personal fue un poco irrespetuoso, y cuando llegué a mi habitación las sábanas y toallas no estaban limpias. Solicité el servicio de limpieza habitaciones y tuve que esperar alrededor de una hora y media antes de que alguien viniera a ayudarme.*

Fernando: When did you arrive?

Fernando: *¿Cuándo llegó?*

Guest: I arrived on Thursday, I mean yesterday, and I'm staying until next Wednesday.

Huésped: *Llegué el jueves, es decir, ayer, y me quedaré hasta el próximo miércoles.*

Fernando: Okay. I'm so sorry, Ms. Sheridan. I apologize on behalf of our staff. Just one moment, please. I am going to talk to my manager and see how we can compensate you for your troubles.

Fernando: *De acuerdo. Lo lamento mucho, Sra. Sheridan. Le pido disculpas en nombre de nuestro personal. Un momento, por favor. Voy a hablar con mi encargado para ver cómo le podemos compensar por sus problemas.*

VOCABULARY

customer service	*servicio de atención al cliente*
customer service representative	*agente de servicio al cliente*
complaint	*queja*
doubt	*duda*
delay	*demora*
supervisor	*supervisor*
to file a complaint	*presentar una queja*
to complain (about)	*quejarse (por)*
to check	*comprobar, verificar*
to doubt	*dudar*
to help / to assist	*ayudar*
to support	*apoyar*
to repair	*reparar*
to apologize	*disculparse*

USEFUL EXPRESSIONS AT WORK

It's my pleasure. I'm happy to help you.	*Es un placer. Me alegra poder ayudarle.*
I appreciate you sharing your concerns with me.	*Le agradezco que me comparta sus problemas.*
Thank you for letting me know about the situation. We'll get right on it.	*Gracias por hacerme saber la situación. Nos pondremos en ello.*
We will make note of your request.	*Tomaremos nota de su petición.*
I am on your side in this situation.	*Estoy de su lado en esta situación.*
We understand that you deserve good service for your money.	*Entendemos que usted merece un buen servicio por su dinero.*
Let me know if you have any other suggestions of how we can improve our service.	*Dígame si tiene otras sugerencias sobre cómo podemos mejorar nuestro servicio.*

ENGLISH IN PRACTICE

Si quiero pedir a alguien información personal, ¿cómo puedo hacerlo?

Cuando preguntamos por información personal, en muchos casos hacemos uso de los pronombres interrogativos. Así:

What is your name?	*¿Cuál es tu nombre? / ¿Cómo te llamas?*
My name is Carlos.	*Mi nombre es Carlos. / Me llamo Carlos.*
What is your last name?	*¿Cuál es tu apellido?*
My last name is Gallardo.	*Mi apellido es Gallardo.*
What's your telephone number?	*¿Cuál es tu número de teléfono?*
My telephone number is …	*Mi número de teléfono es …*
What is your job?	*¿Cuál es tu trabajo?*
I'm a teacher.	*Soy profesor.*
Where are you from?	*¿De dónde eres?*
I'm from Italy.	*Soy de Italia.*
How are you?	*¿Cómo estás?*
I'm not very well.	*No estoy muy bien.*

Y si al decir mi nombre me pidan que lo deletree, ¿cómo puedo responder?

Para poder deletrear tu nombre, o cualquier otra palabra, has de conocer el abecedario en inglés. A continuación se muestra con la pronunciación figurada de cada letra.

THE ALPHABET *El abecedario*

A (ei)	**B** (bi)	**C** (si)	**D** (di)	**E** (i)
F (ef)	**G** (lli)	**H** (éich)	**I** (ai)	**J** (llei)
K (kei)	**L** (el)	**M** (em)	**N** (en)	**O** (ou)
P (pi)	**Q** (kiú)	**R** (ar)	**S** (es)	**T** (ti)
U (iu)	**V** (vi)	**W** (dábeliu)	**X** (eks)	**Y** (uái)
Z (zi)				

Para la pronunciación de la "g" (lli) y la "j" (llei), hemos de tener en cuenta que la "ll" suena como en Argentina o Uruguay.

La "z" tiene un sonido silbante, similar a un zumbido.

SPELLING *Deletreo*

Cuando se quiera preguntar cómo se deletrea una palabra, podemos usar alguna de las siguientes expresiones:

Can you spell ... ?	*¿Puedes deletrear .... ?*
How do you spell .... ?	*¿Cómo deletreas .... ?*

Para responder a estas preguntas se deletrea la palabra, teniendo en cuenta que cuando aparecen dos letras iguales consecutivas podemos nombrarlas una a una, o también se puede usar "double" (dábel) + nombre de la letra:

Can you spell your last name?	*¿Puedes deletrear tu apellido?*
Yes. S-A-A-V-E-D-R-A.	*Sí. S-A-A-V-E-D-R-A.*
(es/dábel ei/vi/i/di/ar/ei)	

Finalmente, ¿cómo se denominan los días de la semana?

Los días de la semana son:

Monday	*lunes*	**weekdays**	*días laborables*
Tuesday	*martes*		
Wednesday	*miércoles*		
Thursday	*jueves*		
Friday	*viernes*		
Saturday	*sábado*	**weekend**	*fin de semana*
Sunday	*domingo*		

Recuerda que los días de la semana siempre se escriben con letra mayúscula en inglés.

EXERCISES

1. Realiza las preguntas correspondientes para obtener las siguientes respuestas:

a) .... ? My last name is Silva.

b) .... S-I-L-V-A.

c) .... ? It's 738 027 392.

d) .... ? 74, Crafts Avenue.

e) .... ? I'm a nanny.

2. Encuentra cinco días de la semana en la siguiente sopa de letras.

T	A	U	N	S	W	D
H	U	Y	O	F	V	M
U	W	E	U	R	E	O
R	D	T	S	I	S	N
S	M	O	N	D	A	Y
D	Y	D	H	A	A	L
A	M	Y	T	Y	K	Y
Y	A	D	N	U	S	O

Key: 1.- a) What is your last name?, b) Can you spell your last name?, c) What's your telephone number?, d) What's your address?, e) What's your job? / What do you do?; 2.- MONDAY, TUESDAY, THURSDAY, FRIDAY, SUNDAY.

I was hired to build a wooden frame

DIALOGUE

Mateo, a carpenter, calls Bill, his new colleague, to ask him how to arrive at the job site.

Mateo, un carpintero, llama a Bill, su nuevo compañero, para preguntarle cómo llegar al lugar de trabajo.

Mateo: Hi, Bill. This is Mateo, the new carpenter.

Bill: Hello, Mateo. How can I help you?

Mateo: I want to ask you a question. How can I get to the job site? I'm on Palmetto Drive now.

Bill: We are working in a building at 24 Falcon Drive, so take the first street on the right, go straight and then take the second street on the left. You can't miss it.

***Mateo:** Hola, Bill. Soy Mateo, el nuevo carpintero.*

***Bill:** Hola, Mateo. ¿En qué puedo ayudarte?*

***Mateo:** Quiero hacerte una pregunta. ¿Cómo llego al lugar de trabajo? Estoy en Palmetto Drive ahora.*

***Bill:** Estamos trabajando en un edificio en Falcon Drive, 24, así que toma la primera calle a la derecha, sigue adelante y luego tomas la segunda calle a la izquierda. No tiene pérdida.*

Mateo: Okay, thank you.

Mateo gets to the job site.

Bill: Mateo, you need to work on the wooden frame for this apartment. Do you have all the tools?

Mateo: The tools I usually work with are saws, nails, hammers and measuring tools. Will any of these be provided?

Bill: No, in our company the carpenters bring their own tools.

Mateo: Well, I have my toolbox in the car. That won't be a problem.

Bill: Okay. Then, pick them up, come back and let's start.

Mateo: *De acuerdo, gracias.*

Mateo llega al lugar de trabajo.

Bill: *Mateo, necesitas trabajar en la estructura de madera para este apartamento. ¿Tienes todas las herramientas?*

Mateo: *Las herramientas con las que normalmente trabajo son sierras, clavos, martillos y herramientas de medición. ¿Puedo contar con ellas aquí?*

Bill: *No, en nuestra empresa los carpinteros traen sus propias herramientas.*

Mateo: *Bueno, tengo mi caja de herramientas en el carro. No será un problema.*

Bill: *De acuerdo. Entonces cógelas, vuelve y comencemos.*

VOCABULARY

pliers	*alicates*
brace	*berbiquí*
drill	*taladro*
plane	*cepillo*
nail	*clavo*
screwdriver	*destornillador*
square	*escuadra*
file	*lima*
chisel	*formón*
hammer	*martillo*
folding ruler	*metro plegable*
sandpaper	*papel de lija*
punch	*punzón*
ruler	*regla*
nail puller	*sacaclavos*
saw / hand saw	*sierra*
screw	*tornillo*
nut	*tuerca*
wood	*madera*
wooden	*de madera*
oak	*roble*
beech	*haya*
pine	*pino*
mahogany	*caoba*

USEFUL EXPRESSIONS AT WORK

We use oak tree beams because they are strong and durable.	*Utilizamos vigas de roble porque son fuertes y duraderas.*
The client ordered cabinets with a cherry wood finish for the kitchen.	*El cliente pidió gabinetes con acabado de madera de cerezo para la cocina.*
We read technical drawings with a scale ruler and then transfer the measurements on the job site.	*Leemos dibujos técnicos con una regla y luego pasamos las medidas al lugar de trabajo.*
They hired me to build a new kitchen table, and also two benches for the backyard.	*Me contrataron para hacer una mesa de cocina, y también dos bancos para el jardín trasero.*
These clients want a handmade wooden bookcase.	*Estos clientes quieren una biblioteca de madera hecha a mano.*
I'll measure the wall to build a closet.	*Mediré la pared para hacer un armario.*

ENGLISH IN PRACTICE

¿Cómo puedo expresar los números ordinales en inglés?

Los tres primeros números ordinales son los siguientes:

1º	1st	fir**st**
2º	2nd	seco**nd**
3º	3rd	thi**rd**

A partir del número cuatro, el ordinal se forma con número cardinal, añadiéndole “th”, aunque algunos números sufren un pequeño cambio.

4º	4th	four**th**
5º	5th	fif**th**
6º	6th	six**th**
8º	8th	eigh**th**
9º	9th	nin**th**
12º	12th	twelf**th**
20º	20th	twentie**th**

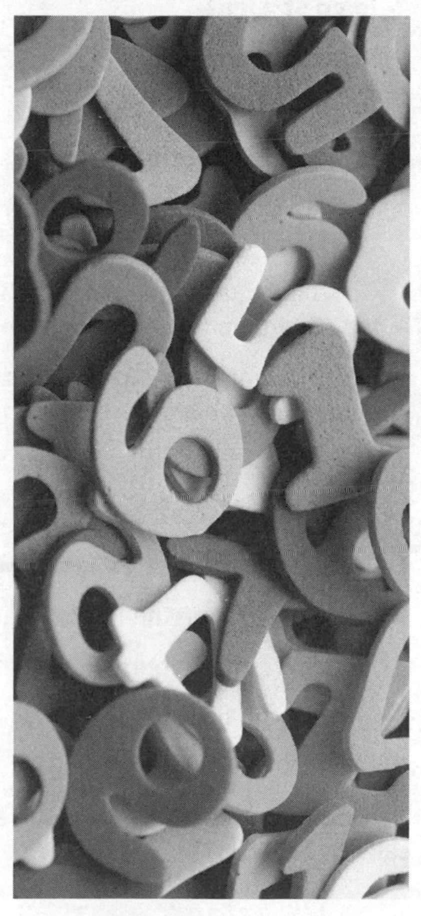

En números compuestos por decena y unidad, sólo cambia a ordinal la unidad:

21**st** – twenty-fir**st**

32**nd** – thirty-seco**nd**

Recuerda que en la abreviatura de los números ordinales aparece la cifra y las dos últimas letras del ordinal, escrito en letra, y que estas cifras se usan para, entre otras cosas, expresar fechas.

The meeting is on January, **16th**.
La reunión es el 16 de enero.

Otro de los usos de los números ordinales lo vemos al expresar direcciones.

Para preguntar cómo llegar a un lugar, la forma más habitual es:

How can I get to....?	*¿Cómo puedo llegar a...? / ¿Cómo se va a ...?*
How can I get to the museum?	*¿Cómo puedo llegar al museo?*

Y cuando se indica cómo llegar a un lugar, se suelen utilizar las siguientes expresiones en imperativo:

To **go along** the street	*seguir la calle*
To **go straight**	*seguir adelante / derecho*
To **cross** the street	*cruzar la calle*
To **go / walk (up) to**	*ir hasta ...*
To **turn right / left**	*girar a la derecha / izquierda*
To **take the second right / left**	*tomar la segunda calle a la derecha / izquierda*

Go straight, take the second right, cross the street, turn left, go up to the square and there is the bookstore.

Siga adelante, tome la segunda calle a la derecha, cruce la calle, doble a la izquierda, vaya hasta la plaza y allí está librería.

EXERCISES

1. Corregir los errores en las frases que lo precisen.

a) The office is on the twelveth floor.

b) It's my father's fourty-ninth birthday.

c) This is the first stop.

2. ¿Cómo le dirías a alguien que siga adelante y gire en la tercera calle la derecha?

....

....

....

Key: 1.- a) twelfth, b) forty-ninth; 2.- Go straight and take the third street on the right.

The bedrooms are neat and tidy

DIALOGUE

Carlos, the butler, and Yanelis, the housekeeper, are talking about her joining the household staff at the mansion.

Carlos, el mayordomo, y Yanelis, la señora de la limpieza, están hablando sobre su incorporación al personal de mantenimiento de la mansión.

Carlos: How is your first week at the mansion, Yanelis?

Yanelis: I am enjoying it very much. I am cleaning the house thoroughly so it will be ready for the upcoming party. I scrubbed the bathrooms and got the bedrooms ready for the guests. I changed the sheets in the blue room. This mansion is huge!

Carlos: *¿Qué tal tu primera semana en la mansión, Yanelis?*

Yanelis: *La estoy disfrutando mucho. Estoy limpiando la casa a fondo para tenerla preparada para la próxima fiesta. Limpié los baños y preparé el dormitorio de invitados. Cambié las sábanas de la habitación azul. ¡Esta mansión es enorme!*

Carlos: Yes, indeed. You'll see, there are many benefits to working for the Howards.

Carlos: Sí que lo es. Verás, hay muchas ventajas en trabajar para los Howard.

Yanelis: I agree. They are very kind people.

Yanelis: Estoy de acuerdo. Son personas muy amables.

Carlos: Where did you work before?

Carlos: ¿Dónde trabajabas antes?

Yanelis: In Santa Monica, in a hotel on Ocean Avenue. It was a big hotel.

Yanelis: En Santa Mónica, en un hotel en Ocean Avenue. Era un hotel grande.

Carlos: Yes, I know there are a lot of hotels there.

Carlos: Sí, sé que hay muchos hoteles allí.

Yanelis: It was very stressful to work there. I had to clean seven rooms per hour. The smell of the cleaning products was giving me migraines, and the manager had a very bad temper.

Yanelis: Era muy estresante trabajar allí. Tenía que limpiar siete habitaciones a la hora. El olor de los productos de limpieza me daba migraña, y el gerente tenía muy mal humor.

Carlos: I am sorry to hear that. Here at the mansion people will treat you with respect. We are like a big family.

Carlos: Lamento escuchar eso. Aquí en la mansión la gente te tratará con respeto. Somos como una gran familia.

Yanelis: Thank you, Carlos, I know. My family in the Dominican Republic is happy to know I work with such a good team.

Yanelis: Gracias, Carlos, lo sé. Mi familia en la República Dominicana está feliz de saber que trabajo con un equipo tan bueno.

VOCABULARY

bathroom	*baño*
bedroom	*dormitorio*
dining room	*comedor*
living room	*sala, salón*
kitchen	*cocina*
hallway	*pasillo*
pantry	*despensa*
laundry room	*lavadero*
housekeeper	*encargado/a de la limpieza*
to clean the rooms	*limpiar las habitaciones*
to make the beds	*hacer las camas*
to dust the furniture	*quitar el polvo a los muebles*
to sweep the floor	*barrer el piso*
to mop the floor	*trapear el piso*
to vacuum the floor	*pasar el aspirador por el piso*
to wash the clothes	*lavar la ropa*
to wash /do the dishes	*lavar los platos*

USEFUL EXPRESSIONS AT WORK

How often do I have to change the sheets?	*¿Con qué frecuencia he de cambiar las sábanas?*
After you clean the kitchen you should tidy up the children's room.	*Tras limpiar la cocina deberías ordenar la habitación de los niños.*
Be careful. I just mopped and the floor is a bit slippery.	*Tenga cuidado. Acabo de trapear y el piso está un poco resbaladizo.*
White vinegar is an economical way to remove limescale.	*El vinagre blanco es una forma económica de eliminar la cal.*
The bedroom is ready to welcome the next guests.	*El dormitorio está preparado para recibir a los próximos invitados.*
The broom and mop are in the laundry room.	*La escoba y el trapeador están en el lavadero.*

ENGLISH IN PRACTICE

¿Cómo puedo utilizar la expresión *"hay"* en inglés?

La expresión impersonal *"hay"* equivale a las formas **"there is"** y **"there are".**

"There is" se utiliza con **nombres incontables o nombres contables en singular** y se puede contraer en **"there's"**.

There's some water on the floor.
Hay agua en el piso.

There is a mop in the laundry room.
Hay un trapeador en el lavadero.

"There are" se usa con **nombres contables en plural** y no se puede contraer.

There are two messy rooms.
Hay dos habitaciones desordenadas.

En negaciones se usan **"there isn't (there is not)"** y **"there aren't (there are not)"**, y en preguntas, **"is there?"** y **"are there?"**.

There isn't a clock on the wall.
No hay un reloj en la pared.

There aren't any papers on the table.
No hay papeles en la mesa.

Is there a man at the door? No, **there isn't**.
¿Hay un hombre en la puerta? No.

Are there six bedrooms in the mansion? Yes, **there are**.
¿Hay seis dormitorios en la mansión? Sí.

¿Por qué unas veces se usa "in", otras "on" y otras "at", cuando queremos decir que algo se encuentra en un lugar?

Las preposiciones "**in**", "**on**" y "**at**" equivalen a "*en*" en español, pero se usan en situaciones diferentes.

IN significa "*en*" o "*dentro*" de un lugar o espacio limitado:

My father's **in** the kitchen.	*Mi padre está en la cocina.*
They are **in** Canada.	*Ellos están en Canadá.*

ON significa *"en"* o *"sobre"* una superficie, con la que se tiene contacto.

The pictures are **on** the walls.
Los cuadros están en las paredes.

The children are playing **on** the floor.
Los niños están jugando en el piso.

Y también aparece en expresiones como:

on the radio	*en la radio*
on television (on TV)	*en televisión*
on the right / left	*a la derecha / izquierda*

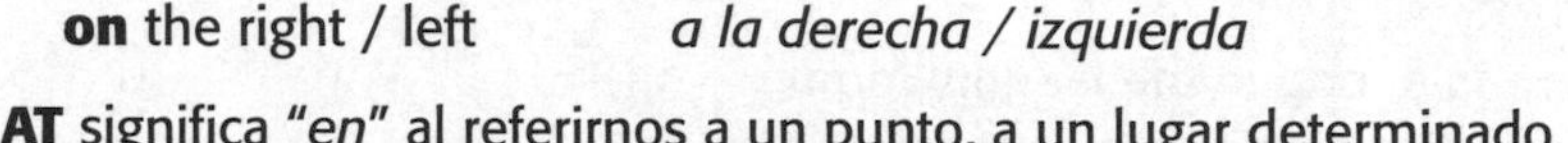

AT significa *"en"* al referirnos a un punto, a un lugar determinado.

Your cousin is **at** the bus stop.
Tu prima está en la parada del autobús.

I live **at** 24, Benson Street.
Vivo en la calle Benson, número 24.

También se usa **"at"** en expresiones como **"at** home**"** *(en casa)*, **"at** work**"** *(en el trabajo)*, o **"at** school**"** *(en la escuela)*.

EXERCISES

1. Completa las frases con "there is" o "there are" de forma afirmativa (+), negativa (-) o interrogativa (?).

a) .... a bank near here?

b) .... any people. (-)

c) .... a table in the kitchen. (+)

d) .... any books on the shelf?

e) .... any water. (-)

2. Completa las oraciones con "in", "on" o "at".

a) The pictures are .... the wall.

b) Sheila is .... work.

c) Are they .... the car?

d) There is a good program .... television.

e) Fred is .... the traffic light.

Key: 1.- a) Is there, b) There aren't, c) There is, d) Are there, e) There isn't; 2.- a) on, b) at, c) in, d) on, e) at.

Ready for the big dinner?

DIALOGUE

The chef and one of the cooks of a restaurant at the resort are checking what they have for a big dinner.

El chef y una de las cocineras de un restaurante del complejo turístico están comprobando lo que disponen para una gran cena.

Chef: Laura, we are having a big dinner here in two days. They are exclusive guests of the hotel, so we have to serve our best meal.

Cook: Okay. What are we going to serve?

Chef: There will be two dishes to choose. The starters will be stuffed mushrooms or lobster rolls, then beef carpaccio or chicken breast filled with mozzarella for the main course, and chocolate cake or orange ice cream for dessert.

***Chef:** Laura, vamos a dar una gran cena aquí dentro de dos días. Son clientes exclusivos del hotel, así que tenemos que servir nuestra mejor comida.*

***Cook:** De acuerdo. ¿Qué vamos a servir?*

***Chef:** Habrá dos platos para elegir. Los primeros platos serán champiñones rellenos o rollos de langosta, luego carpaccio de res o pechuga de pollo rellena de mozzarella como plato principal, y pastel de chocolate o helado de naranja para el postre.*

Cook: That's a good menu.

Chef: You can help me check what we have on hand for the dinner. Let's start with the vegetables.

Cook: Good. Let's check what we have. We have some heads of lettuce, cabbage, mushrooms, zucchinis...

Chef: Is there any fresh basil?

Cook: Yes, we have some. Look, here it is.

Chef: Great, that will be enough. Are there any onions, carrots and radishes?

Cook: Yes, we have got all that. We have a lot of tomatoes as well.

Chef: Perfect. I think we have all the vegetables that we need. Now let's check the meat.

Cook: *Ése es un buen menú.*

Chef: *Puedes ayudarme a comprobar lo que tenemos a mano para la cena. Empecemos por los vegetales.*

Cook: *Bien. Comprobemos lo que tenemos. Tenemos algunas lechugas, col, champiñones, calabacinos ...*

Chef: *¿Hay albahaca fresca?*

Cook: *Sí, tenemos algo. Mira, aquí está.*

Chef: *Estupendo, sera suficiente. ¿Hay cebollas, zanahorias y rábanos?*

Cook: *Sí, tenemos de todo eso. Tenemos muchos tomates también.*

Chef: *Perfecto. Creo que tenemos todos los vegetales que necesitamos. Comprobemos ahora la carne.*

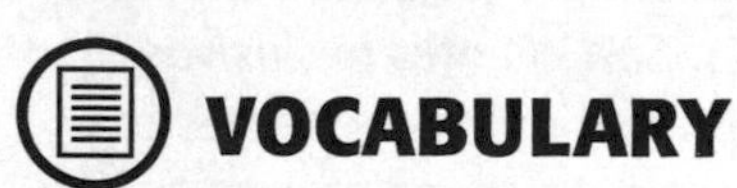

VOCABULARY

cook	*cocinero/a*
apron	*delantal, mandil*
frying pan	*sartén*
pan / saucepan	*cacerola*
pot	*olla*
oven	*horno*
countertop	*encimera (mesa de trabajo)*

barbecue (bbq)	*barbacoa*
to cook	*cocinar*
to bake	*hornear*
to boil	*hervir, cocer*
to cut	*cortar*
to fry	*freír*
to melt	*derretir*
to pour	*verter*
to roast	*asar*
to stir	*remover*
to slice	*rebanar*
to spread	*untar*

USEFUL EXPRESSIONS AT WORK

To make an omelet you have to beat an egg, add some salt, heat some oil in a frying pan and then pour the egg mixture into the pan.	*Para hacer un omelette tienes que batir un huevo, añadir sal, calentar aceite en una sartén y luego verter la mezcla del huevo en la sartén.*
This stew is overcooked.	*Este guiso se ha cocinado demasiado.*
Gosh! This chicken is burnt!	*¡Cielos! ¡Este pollo se ha quemado!*
The water is boiling. You can add the pasta now.	*El agua está hirviendo. Puedes añadir la pasta ahora.*
Put the leg of lamb in the oven and let it roast for at least one hour.	*Mete la pierna de cordero en el horno y déjala que se ase durante al menos una hora.*

ENGLISH IN PRACTICE

¿Cómo se forma el plural de los nombres o sustantivos?

El plural de los nombres contables se puede formar de distintas maneras:

a) Como regla general, un sustantivo en plural se forma añadiendo una **"s"** al sustantivo en singular, aunque los nombres acabados en "**s**", "**sh**", "**ch**", "**x**" y "**z**", forman el plural añadiendo **"es"**:

There are two **spoons**, two **forks** and two **dishes** on the table.
Hay dos cucharas, dos tenedores y dos cuchillos en la mesa.

b) Cuando un sustantivo acaba en **"y"**, si ésta tiene delante una vocal, forma el plural añadiendo una **"s"**; en cambio, si delante de la **"y"** hay una consonante, la **"y"** se convierte en **"i"** y se añade **"es"**.

There are a lot of **parties** these **days**.
Hay muchas fiestas estos días.

c) Cuando el nombre acaba en **"f"** o **"fe"**, en el plural estas letras cambian por **"ves"**:

leaf – lea**ves** *hoja – hojas*
knife – kni**ves** *cuchillo – cuchillos*

d) Cuando el nombre acaba en **"o"**, la regla general es añadir **"es"** en plural, aunque hay algunas excepciones, como "photo**s**" o "piano**s**".

Those customers are eating baked **potatoes**.
Esos clientes están comiendo patatas asadas.

e) Finalmente, hay otros sustantivos que forman el plural de manera irregular, como los siguientes:

man – **men** *hombre – hombres*
woman – **women** *mujer – mujeres*
child – **children** *niño – niños*
person – **people** *persona - personas*
foot – **feet** *pie – pies*
tooth – **teeth** *diente – dientes*

¿Qué son los nombres contables e incontables?

- Los **nombres contables** son aquellos que se pueden contar (pueden llevar delante un número) y, por lo tanto, tienen plural.

two **cooks** *dos cocineros* eleven **people** *once personas*

- Los **nombres incontables** son aquellos que no se pueden contar, por lo que no tienen forma plural. Entre ellos están los nombres de líquidos, gases, materiales y sustancias en general, nombres abstractos, cualidades, etc.

rice	*arroz*	**water**	*agua*	**air**	*aire*
bread	*pan*	**money**	*dinero*	**love**	*amor*

Recuerda que los nombres, tanto contables como incontables, pueden ir acompañados de **"some"** o **"any"** para indicar cierta cantidad.

"Some" se utiliza en frases afirmativas.

Con nombres incontables indica "*algo*":

There is **some** water in the glass. *Hay (algo de) agua en el vaso.*

Delante de nombres contables equivale a "*algunos/as*":

There are **some** eggs in the fridge.
Hay (algunos) huevos en el refrigerador.

"Any" se usa en frases negativas y preguntas.

En frases negativas, delante de nombres incontables equivale a "*nada*":

There isn't **any** sugar for the cake.
No hay (nada de) azúcar para el pastel.

Y ante sustantivos contables significa "*ningún/a*":

There aren't **any** tomatoes for the salad.
No hay tomates (ningún tomate) para la ensalada.

En preguntas, **"any"** delante de nombres incontables equivale a "*algo*":

Is there **any** wine in the bottle?
¿Hay (algo de) vino en la botella?

Y delante de sustantivos contables significa "*algunos/as*":

Are there **any** pans on the countertop?
¿Hay (algunas) cacerolas en la encimera?

Hay que tener en cuenta que, aunque en español no aparezcan, en inglés sí que hay que usar **"some"** o **"any"** en los casos citados.

"Some" también puede aparecer en preguntas, pero únicamente cuando se pide o se ofrece algo y se espera una respuesta afirmativa:

Can I have **some** salt for the steak, please?
¿Me puede dar sal para el filete, por favor?

Would you like **some** wine?
¿Quiere vino?

"Any" también puede usarse en oraciones afirmativas, pero en este caso, equivale a "*cualquier/a*".

Any person can speak English.
Cualquier persona puede hablar inglés.

EXERCISES

1. ¿Cuál es la forma plural de los siguientes sustantivos?

a) oven ....

b) knife ....

c) child ....

d) match ....

2. Completa los espacios con "some" o "any".

a) There are .... people in the restaurant.

b) Is there .... milk in the bottle?

c) I live near .... supermarkets.

d) She doesn't have .... potatoes in the kitchen.

Key: 1.- a) ovens, b) knives, c) children, d) matches;
2.- a) some, b) any, c) some, d) any.

New janitor at the factory

DIALOGUE

The general manager of the factory explains to Ramon, the new janitor, his duties on the job.

El director general de la fábrica explica a Ramón, el nuevo encargado de la limpieza, sus tareas en el trabajo.

GM: First of all, I want to give you a very warm welcome to the team here at High Plains Plastics.

Director: *Ante todo, quiero darle una cálida bienvenida al equipo de High Plains Plastics.*

Ramon: Thank you, sir. I am really glad to be here. Everyone has been quite nice to me.

Ramón: *Gracias, señor. Realmente estoy encantado de estar aquí. Todos han sido muy amables conmigo.*

GM: I want to take a few minutes to go over everything that forms part of your daily duties.

Director: *Quiero que me dé unos minutos para tratar todo lo que forma parte de sus tareas diarias.*

Ramon: Okay, great.

GM: Mainly, your goal is to keep everything clean. For example, make sure the floors are clear of trash and debris and that they are regularly mopped. This is to keep the workplace clean and safe for the other workers.

Ramon: Well, that seems pretty straight forward.

GM: Don't worry. If you are hardworking, it will be rather easy.

Ramon: Is there anything else that I should know?

GM: Yes, make sure to clock in every day. It is the law.

Ramon: Perfect. I think I have understood everything. Thanks again for this opportunity.

GM: The pleasure is all mine. Anything you need, just let me know.

Ramón: *De acuerdo, muy bien.*

Director: *Principalmente, nuestro objetivo es mantener todo limpio. Por ejemplo, asegúrese de que los pisos estén libres de basura y restos, y de que se friegan regularmente. Esto es para mantener el lugar de trabajo limpio y seguro para los demás trabajadores.*

Ramón: *Bueno, eso parece estar muy claro.*

Director: *No se preocupe. Si es diligente, será bastante fácil.*

Ramón: *¿Hay algo más que debería saber?*

Director: *Sí, asegúrese de registrar su entrada cada día. Son las normas.*

Ramón: *Perfecto. Creo que he comprendido todo. Gracias de nuevo por esta oportunidad.*

Director: *El placer es mío. Cualquier cosa que necesite, hágamelo saber.*

VOCABULARY

janitor	*encargado de la limpieza*
bucket	*cubo*
cleaning cloth	*trapo, paño*
bleach	*lejía, cloro*
ammonia	*amoníaco*
window-cleaning fluid	*líquido limpiacristales*

squeegee	*escobilla de goma*
cleaning materials	*productos de limpieza*
to do the cleaning	*hacer la limpieza*
to take trash away	*tirar la basura*
to empty trash from containers	*vaciar la basura de los contenedores*
to repair	*arreglar, reparar*
to refill	*rellenar*

 USEFUL EXPRESSIONS AT WORK

I usually mop and wax the floors with a special machine every night.	*Normalmente friego y encero los pisos con una máquina especial cada noche.*
My least favorite daily task is replacing the toilet paper rolls and cleaning the toilet bowls.	*La tarea diaria que menos me gusta es cambiar los rollos de papel higiénico y limpiar los inodoros.*
Where is the dustpan and broom? I need to clean up some broken glass.	*¿Dónde están el recogedor y la escoba? Necesito limpiar un vidrio roto.*
I wear latex gloves so that the bleach and other cleaning supplies don't ruin my nails.	*Llevo guantes de látex para que el cloro y otros productos de limpieza no me estropeen las uñas.*
A wet/dry vacuum is a janitor's best friend.	*Un aspirador de líquidos y en seco es el mejor amigo de un encargado de la limpieza.*
First you spray the glass with window cleaner and then use a squeegee to clean off the remaining water and cleaning product.	*Primero rocías el cristal con líquido limpiacristales y luego usas una escobilla de goma para retirar los restos de agua y del producto de limpieza.*

ENGLISH IN PRACTICE

¿Cómo puedo describir personas, animales, cosas, lugares, circunstancias, etc.?

Para ello usarás los adjetivos, que indican características de aquello que quieras describir. Así, los adjetivos pueden indicar color, tamaño, procedencia, peso, aspecto, carácter, etc.

The restroom is **dirty**.
El baño está sucio.

That girl is very **intelligent**.
Esa muchacha es muy inteligente.

Recuerda que los adjetivos tienen una única forma para el masculino, femenino, singular y plural.

Cuando los adjetivos acompañan a un nombre, se colocan delante de él.

It's a **big** building.
Es un edificio grande.

He is a **good** worker.
Él es un buen trabajador.

Y si deseo que el adjetivo se realce, ¿cómo lo puedo expresar?

Para ello se usan algunos adverbios, como **"very"** *(muy)*, **"pretty"** *(bastante)* y **"quite"** *(bastante)*, que se colocan delante de adjetivos.

The test was **very** difficult.
El examen fue muy difícil.

I have a **pretty** good idea.
Tengo una idea bastante buena.

That movie is **quite** interesting.
Esa película es bastante interesante.

¡Ojo!: Hay que tener cuidado de no confundir el adverbio "pretty" *(bastante)* con el adjetivo "pretty" *(hermosa, linda, bonita)*.

¿De qué forma puedo referirme a una persona o a alguna cosa sin precisarla o identificarla?

En estos casos tienes que hacer uso de los **pronombres indefinidos**, que se forman con la combinación de los siguientes elementos:

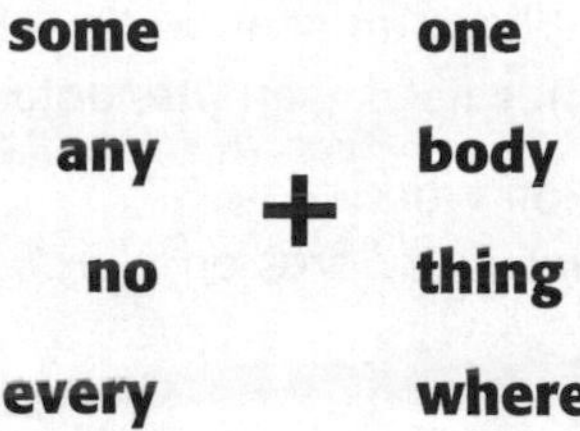

Los compuestos con **"body"** y **"one"** son sinónimos y se refieren a personas, con **"thing"** a cosas, y con **"where"** a lugares.

Has de recordar que cuando los pronombres indefinidos funcionan como sujeto, el verbo que los acompaña se conjuga en 3ª persona del singular, es decir, como "he", "she" o "it".

Los compuestos de "**some**" se utilizan en frases afirmativas.

There's **someone** at the door.
Hay alguien en la puerta.

I have **something** in my pocket.
Tengo algo en mi bolsillo.

The janitor left the bucket **somewhere**.
El encargado de la limpieza dejó el cubo en algún lugar.

"**Any**", como sus compuestos, se usan en frases negativas y en preguntas:

Is there **anybody** in the classroom?
¿Hay alguien en el aula?

There isn't **anything** to clean.
No hay nada que limpiar.

I can't find my wallet **anywhere.**
No encuentro mi cartera en ningún lugar.

"**No**" y sus compuestos son sinónimos de "any" y los suyos, cuando éstos se usan en frases negativas, pero los compuestos de "no" aparecen en frases afirmativas.

Nobody came to the meeting.
Nadie vino a la reunión.

I have **nothing** to do this afternoon.
No tengo nada que hacer esta tarde.

Nowhere is safe.
Ningún lugar es seguro.

"Every" y sus compuestos implican un sentido de totalidad y se utilizan en frases afirmativas, negativas y en preguntas:

Everybody has some days off work.
Todo el mundo tiene algunos días libres en el trabajo.

Do you have **everything**?
¿Lo tienes todo?

There are a lot of people **everywhere.**
Hay mucha gente por todos sitios.

EXERCISES

1. Corrige los errores en las siguientes frases.

a) They have two blues cars and a red motorbike.

b) The girl cheerful is Beth and the girl shy is Laura.

c) They are shorts but their brother is tall.

d) She is pretty but her cousins are very uglies.

e) The exercises are very difficults.

2. Completa los espacios con el pronombre indefinido correspondiente.

a) Is there .... in the box? (anything, everywhere, something)

b) .... can do it. (Something, Nobody, Anything)

c) I like .... (anywhere, everything, anybody)

d) The hotel is .... near the beach. (nothing, everywhere, somewhere)

e) There isn't .... at work. (somebody, nobody, anybody)

Key: 1.- a) blue, b) cheerful girl / shy girl, c) short, d) ugly, e) difficult; 2.- a) anything, b) Nobody, c) everything, d) somewhere, e) anybody.

You need to rest and eat healthy food

DIALOGUE

Rosa, Mrs. Howard's nurse, visits her monthly. They are now talking about how Mrs. Howard feels.

Rosa, la enfermera de la Sra. Howard, la visita cada mes. Ahora están hablando de cómo se siente la Sra. Howard.

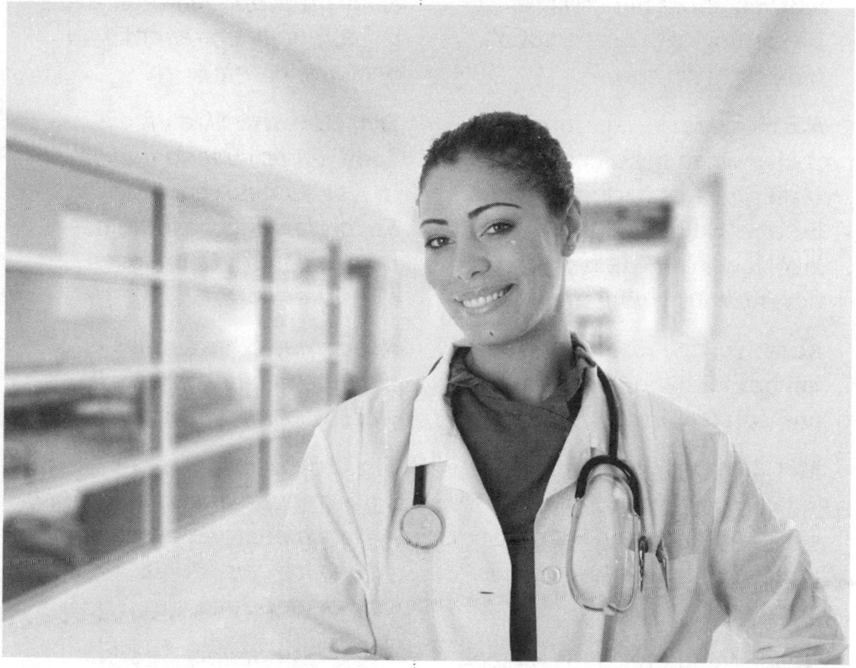

Rosa: Mrs. Howard, your blood pressure is higher now than in February. Has there been any change in your daily habits?

Mrs. Howard: Well, Rosa, I am feeling very stressed nowadays. I'm anxious since my husband had a heart attack last March.

Rosa: *Sra. Howard, su presión sanguínea está más alta que en febrero. ¿Ha habido algún cambio en sus hábitos cotidianos?*

Sra. Howard: *Bueno, Rosa, actualmente me siento muy estresada. Estoy ansiosa desde que mi marido tuvo un ataque al corazón el pasado marzo.*

Rosa: Your husband is recovering well. He is a strong and stubborn man. I am not worried about him. Will he be starting with his personal training again soon?

__Rosa:__ Su marido se está recuperando bien. Es un hombre fuerte y testarudo. No estoy preocupada por él. ¿Va a retomar su entrenamiento personal pronto?

Mr. Howard: Yes, in June. It is also when my oldest son, James, comes back from Europe. He moved there last November. He is an adventurous young man.

__Sra. Howard:__ Sí, en junio. También es cuando mi hijo mayor, James, venga de Europa. Se mudó allí el pasado mes de noviembre. Es un joven aventurero.

Rosa: Very good. Is James the tall boy with long brown hair and soft features?

__Rosa:__ Muy bien. ¿James es el muchacho alto con cabello largo y castaño y rasgos suaves?

Mrs. Howard: No, that is Thomas, his brother. James has short dark hair. He is very athletic, with blue eyes. He is also coming soon.

__Sra. Howard:__ No, ése es Thomas, su hermano. James tiene el pelo corto y moreno. Él es muy atlético y tiene los ojos azules. También va a venir pronto.

Rosa: Wonderful. You will feel more relaxed when all the family is reunited. But now you need to rest and eat healthy food.

__Rosa:__ Estupendo. Se sentirá más relajada cuando se reúna toda la familia. Pero ahora necesita descansar y comer sano.

Mrs. Howard: It is very difficult for me to rest. I am an active and energetic person, you know.

__Sra. Howard:__ Es muy difícil para mí descansar. Soy una persona activa y enérgica, ya sabes.

Rosa: I know, but health comes first.

__Rosa:__ Lo sé, pero la salud es lo primero.

VOCABULARY

nurse	*enfermero/a*
ache, pain	*dolor*
to hurt	*doler*
anti-depressant	*antidepresivo*
arthritis	*artritis*
blood pressure	*presión sanguínea*
bruise	*moretón, cardenal*
crutches	*muletas*
wheelchair	*silla de ruedas*
deaf	*sordo/a*
dementia	*demencia*
disease, illness	*enfermedad*
sick, ill	*enfermo*
patient	*paciente*
fever	*fiebre*
flu	*gripe*
injury	*herida*
pill	*píldora*
tablet	*pastilla*
prescription	*receta*

USEFUL EXPRESSIONS AT WORK

How are you feeling today?	*¿Cómo se siente hoy?*
The doctor ordered a blood test.	*El doctor solicitó un análisis de sangre.*
Let me check your blood pressure.	*Déjeme comprobar su presión sanguínea.*
I am not able to prescribe medicine. It is the doctor's responsibility.	*No puedo recetar medicamentos. Es responsabilidad del médico.*
If you need it, I am in contact with social services.	*Si lo necesita, estoy en contacto con los servicios sociales.*
It is normal to have a small bruise after the injection.	*Es normal tener un pequeño moretón tras una inyección.*

ENGLISH IN PRACTICE

Si deseo preguntar por la descripción de alguien, es decir, cómo es una persona, ¿cómo lo puedo hacer?

Para describir a una persona se usan los verbos **"to look like"** y **"to be like"**. Estos dos verbos significan *"parecerse a / ser como"*, pero **"to look like"** se refiere al aspecto físico, mientras que "**to be like**" se refiere a una descripción más general, incluyendo rasgos de la personalidad o el carácter de la persona.

Así, se pueden usar estas dos preguntas:

What is Maggie **like?** — ¿Cómo es *Maggie (de carácter)?*
She is shy and quiet. — *Ella es tímida y callada.*

What does Maggie **look like?** — *¿Cómo es Maggie (físicamente)?*
She is tall, thin and very pretty. — *Ella es alta, delgada y muy linda.*

¿Y qué adjetivos puedo usar en estos tipos de descripciones?

Vamos a ver algunos adjetivos relativos tanto a la personalidad o carácter, como al aspecto físico.

Personalidad		**Aspecto físico**	
shy	*tímido*	**tall**	*alto*
extroverted	*extrovertido*	**short**	*bajo*
quiet	*callado, tranquilo*	**thin, slim**	*delgado*
talkative	*hablador*	**fat, overweight**	*gordo*
nice	*simpático, agradable*	**handsome**	*lindo (hombre)*
funny	*divertido*	**pretty**	*linda (mujer)*
intelligent	*inteligente*	**ugly**	*feo*
cheerful	*alegre*	**young**	*joven*
absent-minded	*distraído*	**old**	*viejo*
		strong	*fuerte*
		weak	*débil*

What are they like? They are very **talkative.**
¿Cómo son ellos? Ellos son muy habladores.

What do you look like? We are **tall** and **thin**.
¿Cómo son ustedes? Somos altas y delgadas.

Brenda isn't **extroverted**.
Brenda no es extrovertida.

Enriquece tu vocabulario aprendiendo los meses del año.

Recuerda que éstos se escriben siempre con letra mayúscula en inglés.

Months	*meses*		
January	*enero*	**July**	*julio*
February	*febrero*	**August**	*agosto*
March	*marzo*	**September**	*septiembre*
April	*abril*	**October**	*octubre*
May	*mayo*	**November**	*noviembre*
June	*junio*	**December**	*diciembre*

EXERCISES

1. Une las preguntas con las respuestas correspondientes.

a) What's Tom like?

b) What does Tom look like?

c) What does Tom like?

1) He likes listening to music and playing chess.

2) He is a nice person, although a bit quiet.

3) He is short and a little overweight.

2. Busca los seis meses del año ocultos en la sopa de letras.

J	M	A	Y	L	J	A
R	A	E	F	I	U	N
E	R	N	E	R	A	Y
B	C	U	U	P	R	J
M	H	J	O	A	B	U
E	O	T	B	R	R	L
V	C	Y	E	N	O	Y

Key: 1.- a2, b3, c1; 2.- JANUARY, MARCH, APRIL, MAY, JUNE, JULY.

My complexion is dull

DIALOGUE

Sandra is a guest of the Dolphin Hotel & Beach Resort who goes to the hotel spa. Sofia, the esthetician, welcomes her.

Sandra es una huésped del Dolphin Hotel & Beach Resort que va al balneario del hotel. Sofía, la esteticista, la recibe.

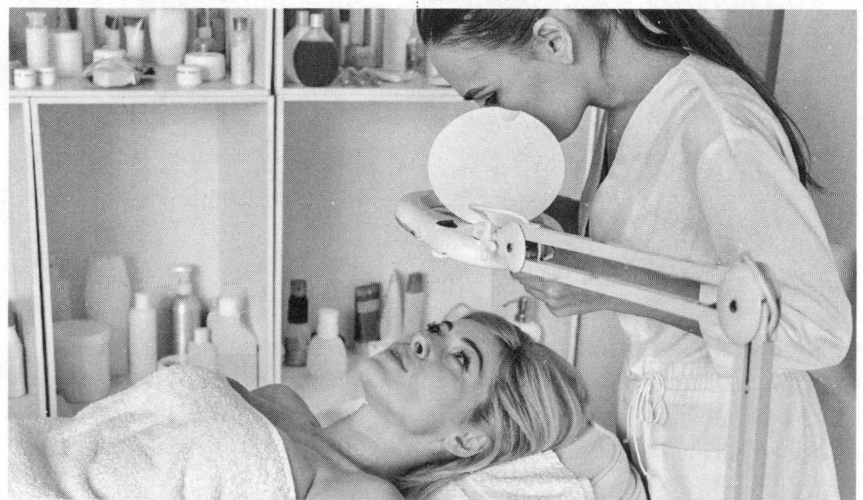

Sofia: What can I do for you?

Sandra: It is my first time visiting the spa. I'm not sure what to do, but when I look at myself in the mirror I see my complexion is dull and tired.

Sofia: What about a specialized facial? It is anti-aging and tones the skin. We use glycolic acid and fruit extracts. If you agree, I will also shape your eyebrows.

Sofía: *¿Qué puedo hacer por usted?*

Sandra: *Es la primera vez que vengo a este balneario. No estoy segura de lo que hacer, pero cuando me miro en el espejo veo que la piel de mi cara está apagada y cansada.*

Sofía: *¿Qué tal un tratamiento facial especializado? Es anti-edad y tonifica la piel. Utilizamos ácido glicólico y extractos de frutas. Si desea, también le puedo arreglar las cejas.*

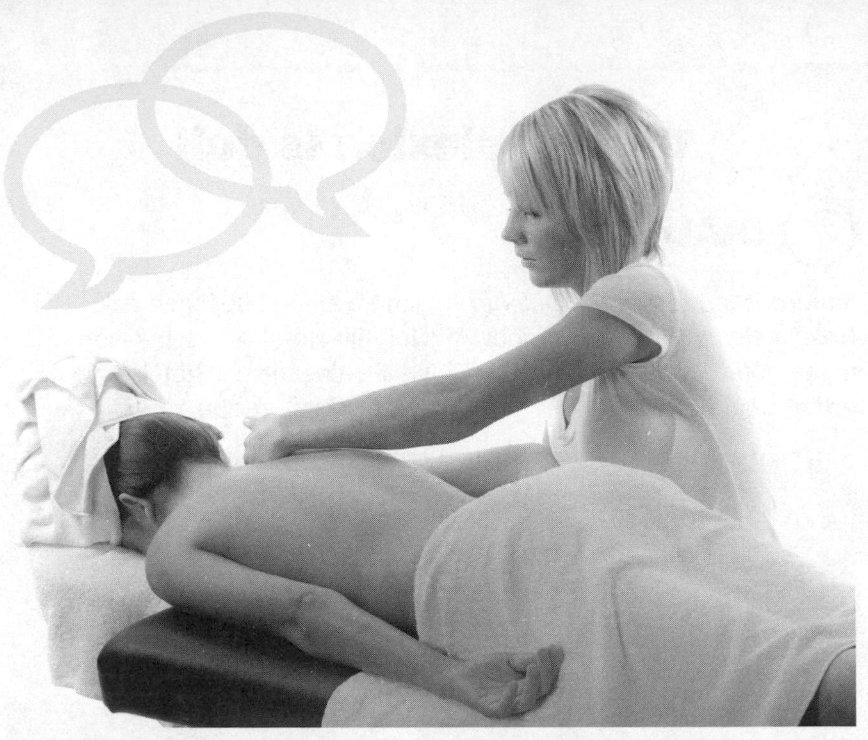

Sandra: I pluck my eyebrows every now and then, but I am sure you will do a better job. Also, I have very fair skin.

Sandra: Me depilo las cejas de vez en cuando, pero estoy segura de que lo hará mucho mejor. Además, tengo la piel muy clara.

Sofia: Try to apply sunscreen as often as possible and not to sunbathe for long periods of time. Your skin will look better and you will avoid future wrinkles.

Sofía: Intente aplicarse filtro solar con tanta frecuencia como sea posible y no tomar el sol largos períodos de tiempo. Su piel lucirá mejor y evitará futuras arrugas.

An hour later…

Una hora más tarde …

Sandra: It's wonderful! I can see and feel that my skin is more moisturized and relaxed.

Sandra: ¡Es maravilloso! Puedo ver y sentir que mi piel está más hidratada y relajada.

I am seeing my sister today and I think she is going to be jealous. I'll tell her to come see you as well.

Voy a ver a mi hermana hoy y creo que se va a poner celosa. Le diré que venga a verla también.

Sofia: Thank you.

Sofía: Gracias.

VOCABULARY

esthetician	*esteticista*
beauty	*belleza*
beauty treatment	*tratamiento de belleza*
cream	*crema*
cleanser	*limpiador facial*
cotton balls	*bolas de algodón*
blackhead	*punto negro*
cosmetics	*cosméticos*
moisturizing cream	*crema hidratante*
anti-aging cream	*crema anti-edad*
anti-wrinkle cream	*crema anti-arrugas*
to moisturize	*hidratar*
to exfoliate	*exfoliar*
to pluck	*depilar*

USEFUL EXPRESSIONS AT WORK

We use only certified and tested products.	*Solo usamos productos certificados y probados.*
The special treatment for acne includes blackhead extraction.	*El tratamiento especial para el acné incluye la extracción de puntos negros.*
We have our own line of cosmetics. The night moisturizing cream is our best seller.	*Tenemos nuestra propia línea de cosméticos. La crema hidratante de noche es nuestro superventas.*
We offer a cellulite reduction treatment.	*Ofrecemos un tratamiento de reducción de la celulitis.*
We have some facial treatments that will tighten your skin.	*Tenemos algunos tratamientos faciales que tensarán su piel.*
Our massages last 60 minutes and cover a wide range of needs.	*Nuestros masajes duran 60 minutos y cubren una amplia gama de necesidades.*

ENGLISH IN PRACTICE

¿Para qué se utilizan los adverbios de frecuencia?

Estos adverbios nos indican la frecuencia con la que tiene lugar una acción.

Entre ellos están:

always	*siempre*
generally	*generalmente*
usually	*normalmente*
sometimes	*a veces*
rarely	*pocas veces*
hardly ever	*casi nunca*
never	*nunca*

Estos adverbios generalmente se colocan detrás del verbo "to be" (u otro auxiliar), si éste aparece en la frase, o delante del verbo, si éste es otro.

I am **usually** at home.
Normalmente estoy en casa.

You **rarely** go to the spa.
Vas al balneario pocas veces.

He is **never** late.
Él nunca llega tarde.

Does she **always** buy the newspaper?
¿Ella siempre compra el periódico?

They **sometimes** watch the news on TV.
Ellos a veces ven las noticias en TV.

También existen otras expresiones de frecuencia, como las siguientes:

once	*una vez*
twice	*dos veces*
three, four, twenty times	*tres, cuatro, veinte veces*
I go for a massage **once a month.**	*Voy a darme un masaje una vez al mes.*

¿Y cómo puedo preguntar sobre la frecuencia con que tienen lugar diversas acciones?

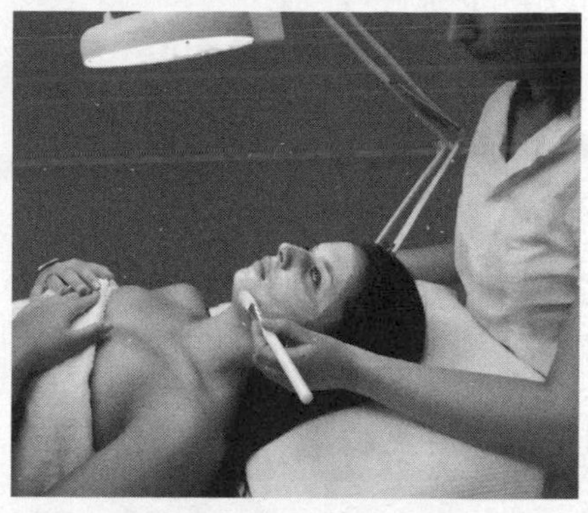

En estos casos se ha de usar el interrogativo **"how often...?"** *(¿con qué frecuencia ...?).*

How often do you apply that cream on your face?
I apply it twice a day.

¿Con qué frecuencia *se aplica esa crema en la cara?*
La aplico dos veces al día.

¿Qué son y para qué usamos los pronombres objeto?

El objeto en una oración es el elemento que recibe la acción del verbo. Cuando este objeto es un pronombre, dicho pronombre se denomina pronombre objeto. Éstos son los siguientes

Pronombres sujeto		**Pronombres objeto**	
I	....	**me**	*(me, a mí)*
you	....	**you**	*(te, a ti, le, a usted)*
he	....	**him**	*(le, lo, a él)*
she	....	**her**	*(le, la, a ella)*
it	....	**it**	*(le, lo, a ello)*
we	....	**us**	*(nos, a nosotros/as)*
you	....	**you**	*(les, a ustedes)*
they	....	**them**	*(les, a ellos/as)*

Recuerda que los pronombres objeto se colocan tras el verbo:

She is helping **me**.	*Ella me está ayudando.*
I love **you.**	*Te amo.*
They are showing **him** a book.	*Ellos están mostrándole un libro (a él).*

Y también tras una preposición:

He's looking at **us**.
Él está mirándonos.

They are going to the movies with **her**.
Ellos van al cine con ella.

This gift is for **them**.
Este regalo es para ellos.

EXERCISES

1. Colocar el adverbio de frecuencia donde corresponda.

a) He .... plays football .... (never)

b) I .... go .... to the movies. (often)

c) They .... are .... at home. (always)

d) We .... watch .... the news. (sometimes)

e) She .... is .... at school in the morning. (usually)

2. Elige las opciones correctas para completar las oraciones.

a) Do you like your new job? Yes, I like ...

a. me

b. him

c. it

b) Do you work with Cesar Polo? No, I don't work with ...

a. him

a. he

a. her

Key: 1.- a) never plays, b) often go, c) are always, d) sometimes watch, e) is usually; 2.- a) c, b) a.

Electrical connections must be made carefully

DIALOGUE

The foreman of the construction site is talking to Antonio, one of the electricians, to see how his work is progressing.

El capataz de la obra está hablando con Antonio, uno de los electricistas, para ver cómo está progresando su trabajo.

Foreman: Hey, Antonio, how is the work going?

Antonio: Hello. It is going well. I am starting to install the wires for the lighting. The blueprints for modern houses require many more outlets than in the past.

Foreman: Yes, houses nowadays need to accommodate all the needs of a modern household.

Capataz: *¡Eh, Antonio! ¿Qué tal va el trabajo?*

Antonio: *Hola. Va bien. Estoy empezando a instalar los cables para la iluminación. Los planos de las casas modernas requieren muchos más enchufes que antes.*

Capataz: *Sí, actualmente las casas necesitan acomodar todas las necesidades de la familia moderna.*

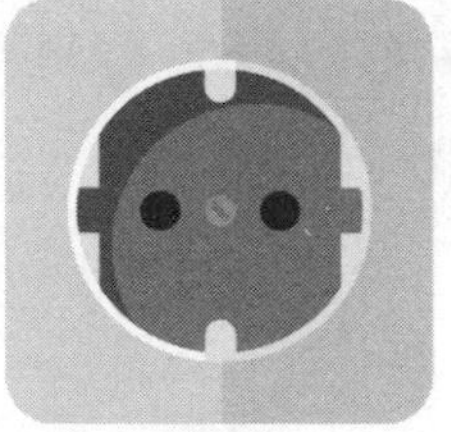

Antonio: And that apparently includes a lot of technology. I am installing more complex electrical wiring than I did fifteen years ago.

Antonio: *Y eso al parecer incluye mucha tecnología. Estoy instalando cableados eléctricos más complejos de lo que hacía hace quince años.*

Foreman: By the way, how about your new business, Antonio?

Capataz: *Por cierto, ¿qué tal tu nuevo negocio, Antonio?*

Antonio: It's fine, but it's a lot of after-hours work. When I finish here I go to my clients' houses to do electrical repairs.

Antonio: *Bien, pero tiene mucho trabajo extra. Cuando termino aquí voy a las casas de mis clientes a hacer algunos arreglos eléctricos.*

Foreman: You work a lot. Try to take it easy.

Capataz: *Trabajas mucho. Intenta tomártelo con calma.*

Antonio: I should, but, for example, yesterday I fixed a doorbell and today I have to install a ceiling fan and fix some switches. This client also wants me to replace some bulbs. I recommended for him to use LED bulbs and he agreed. I have to buy them on my way to his house.

Antonio: *Debería, pero, por ejemplo, ayer arreglé el timbre de una puerta y hoy tengo que instalar un ventilador de techo y arreglar algunos interruptores. Este cliente también quiere que le cambie algunas bombillas. Le recomendé que usara bombillas LED y él estuvo de acuerdo. Tengo que comprarlas de camino a su casa.*

Foreman: Well, I hope you finish soon.

Capataz: *Bueno, espero que termines pronto.*

Antonio: That's what I hope too.

Antonio: *Eso espero yo también.*

VOCABULARY

electrician	*electricista*
electricity	*electricidad*
light	*luz*
lighting	*iluminación*
power	*potencia, carga, energía*
current	*corriente, electricidad*
wire	*cable*
wiring	*cableado / instalación eléctrica*
switch	*interruptor*
outlet / socket	*enchufe*
plug	*clavija*
extension cord	*alargador*
wire strippers	*alicates pelacables*
fuse box	*caja de los fusibles*
bulb	*bombilla*
energy efficient bulb	*bombilla de bajo consumo*
lamp holder	*portalámparas*
phone jack	*toma de teléfono*
voltmeter	*voltimetro*

USEFUL EXPRESSIONS AT WORK

These lights are energy efficient and will save you money.	*Estas luces son de bajo consumo y le ahorrarán dinero.*
LED bulbs last almost twenty times longer and use up to 90% less energy than other types of lighting.	*Las bombillas LED duran casi veinte veces más y consumen hasta un 90% menos de energía que otros tipos de iluminación.*
Where would you like to put the phone jack?	*¿Dónde le gustaría colocar esta toma de teléfono?*
The first thing to do is to find the main fuse box.	*Lo primero que hay que hacer es encontrar la caja principal de los fusibles.*
Wiring a light switch is not that difficult.	*La instalación eléctrica de un interruptor de la luz no es tan difícil.*
You must always be sure that the power is off before touching any wire.	*Siempre debes estar seguro de que la corriente está cortada antes de tocar algún cable.*

ENGLISH IN PRACTICE

¿Qué es y para qué se utiliza el caso genitivo?

El **caso genitivo** es una manera de expresar posesión en inglés. Se utiliza cuando en la frase aparecen tanto el poseedor (que ha de ser una persona o, a veces, un animal), como aquello que se posee.

Para expresarlo, primero aparece el poseedor, a éste se le añade un apóstrofe y una "s" y después, aquello que se posee.

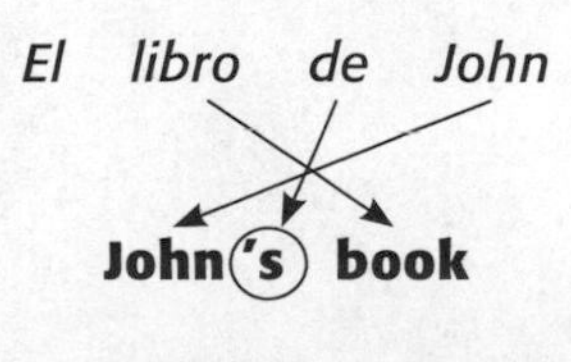

Recuerda que si la posesión va precedida de un artículo determinado *(el, la, los, las)*, éste desaparece en inglés.

The electrician's tools.
Las herramientas del electricista.

My brother's name is Richard.
El nombre de mi hermano es Richard.

Cuando el poseedor acaba en "s" por ser un nombre plural, solo se agrega el apóstrofe:

Your parents' house is very nice.
La casa de tus padres es muy bonita.

¿Cómo se forma y por qué es tan importante el gerundio?

El gerundio tiene distintas funciones en inglés. Una de ellas es que forma parte de los tiempos continuos. Equivale en español a las formas acabadas en *"-ando" e "-iendo" (saltando, corriendo, etc.)*.

Como regla general, se forma añadiendo **"-ing"** al infinitivo del verbo, aunque a veces se producen ligeros cambios, que se tratan a continuación.

a) Si el infinitivo acaba en "e" muda, ésta desaparece al añadir "ing", pero si es sonora, no lo hace:

come + ing = coming *(venir – viniendo)*

see + ing = seeing *(ver – viendo)*

b) Si el infinitivo acaba en "ie", estas vocales cambian a "y" antes de agregar "ing":

lie + ing = lying *(mentir – mintiendo)*

c) Si el infinitivo acaba en la sucesión "consonante-vocal-consonante" y la última sílaba del mismo es la acentuada, la última consonante se duplica antes de añadir "ing":

cut + ing = cutting *(cortar – cortando)*

¿Con el gerundio puedo expresar acciones que están teniendo lugar en este momento?

Sí, usando el gerundio como parte del **presente continuo**. Éste se forma con el **presente del verbo "to be"** y el **gerundio (infinitivo + ing)** del verbo principal.

He **is cutting** a wire.	*Él está cortando un cable.*
We **are fixing** a lamp.	*Estamos arreglando una lámpara.*
What **are** you **doing**?	*¿Qué estás haciendo?*
I'**m not studying** French.	*No estoy estudiando francés.*

EXERCISES

1. ¿Cuál es la forma de gerundio de los siguientes verbos?

a) to have ....

b) to run ....

c) to be ....

d) to fly ....

e) to listen ....

2. Completa las frases con el presente continuo de los verbos: take, write, listen, drink, play.

a) Sarah and Greg .... the piano.

b) .... Tom .... a novel?

c) They .... not .... to music.

d) I .... my umbrella.

e) .... you .... wine?

Key: 1.- a) having, b) running, c) being, d) flying, e) listening; 2.- a) are playing, b) Is ... writing, c) are ... listening, d) am taking, e) Are ... drinking.

I need an exterminator

DIALOGUE

Brian has come to exterminate insects found in Mrs. Howard's mansion.

Brian ha ido a exterminar unos insectos encontrados en la mansión de la Sra. Howard.

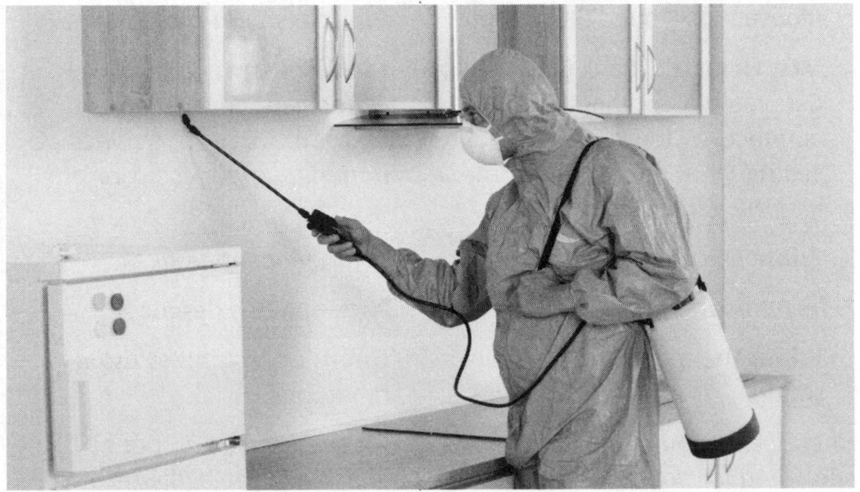

Brian: Good morning! My name is Brian. What is the pest problem that you currently have?

Mrs. Howard: Hello, Brian! We are having problems with cockroaches and mice.

Brian: Can you tell me where in the house?

Mrs. Howard: I can see mice on the floor, mainly in the kitchen. The cockroaches are in the garage.

Brian: Okay, I'll start in the kitchen first.

Brian: *¡Buenos días! Mi nombre es Brian. ¿Cuál es el problema de plagas que tiene actualmente?*

Mrs. Howard: *¡Hola, Brian! Estamos teniendo problemas con cucarachas y ratones.*

Brian: *¿Puede decirme en qué parte de la casa?*

Mrs. Howard: *Puedo ver ratones en el piso, principalmente en la cocina. Las cucarachas están en el garaje.*

Brian: *De acuerdo. Empezaré en la cocina primero.*

Mrs. Howard: The mice usually come into the kitchen at night, when it's colder outside.

Brian: Yes, it is common to have more problems with mice in winter. I'll set up a couple of mousetraps around the kitchen.

Mrs. Howard: Thank you. Can you put another at the entrance? When you finish setting them up, can you come into the garage?

Brian: Of course.

Fifteen minutes later...

Brian: The mousetraps are all set up.

Brian looks around the garage, searching for any holes or cracks in the floor.

Brian: Mrs. Howard, have you had problems with termites before?

Mrs. Howard: Yes, last summer.

Brian: Okay. I think we are going to need to fumigate the area.

Mrs. Howard: But will I have to take everything out of the garage? If so, can you come back tomorrow at 11 am?

Brian: Yes, of course. See you tomorrow, then.

Mrs. Howard: *Los ratones normalmente entran en la cocina por la noche, cuando hace más frío fuera.*

Brian: *Sí, es normal tener más problemas con los ratones en invierno. Montaré un par de trampas por la cocina.*

Mrs. Howard: *Gracias. ¿Puedes poner otra en la entrada? Cuando termines de ponerlas, ¿puedes pasar al garaje?*

Brian: *Por supuesto.*

Quince minutos después ...

Brian: *Las ratoneras están montadas.*

Brian echa un vistazo por el garaje, buscando agujeros o grietas en el piso.

Brian: *Sra. Howard, ¿ha tenido problemas con las termitas antes?*

Mrs. Howard: *Sí, el verano pasado.*

Brian: *De acuerdo. Creo que vamos a necesitar fumigar la zona.*

Mrs. Howard: *Pero, ¿tendré que sacar todo del garaje? Si es así, ¿puedes volver mañana a las 11 am?*

Brian: *Sí, por supuesto. Hasta mañana, entonces.*

VOCABULARY

exterminator	*exterminador de plagas*
pest	*plaga, peste*
plague	*plaga*
pest control	*control de la plaga*
infestation	*infestación*
fumigant	*fumigante*
fumigation	*fumigación*
pesticide	*pesticida*
mask	*mascarilla*
flea	*pulga*
cockroach	*cucaracha*
mite	*ácaro*
bed bug	*chinche*
trap	*trampa*
crack	*grieta*
hole	*agujero*
to control / to monitor	*controlar*
to fumigate	*fumigar*
to apply	*aplicar*
to spray / to sprinkle	*rociar, pulverizar*

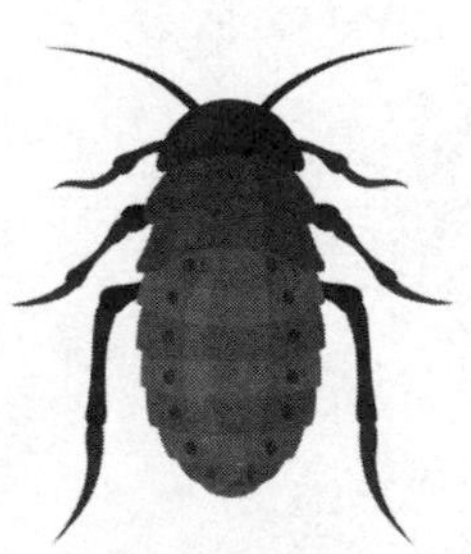

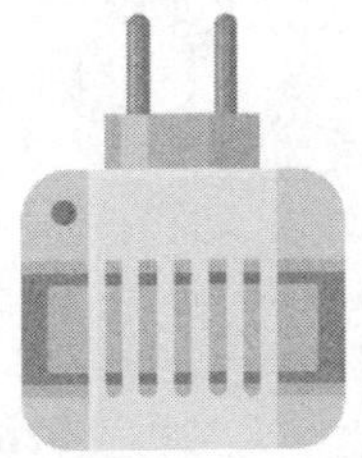

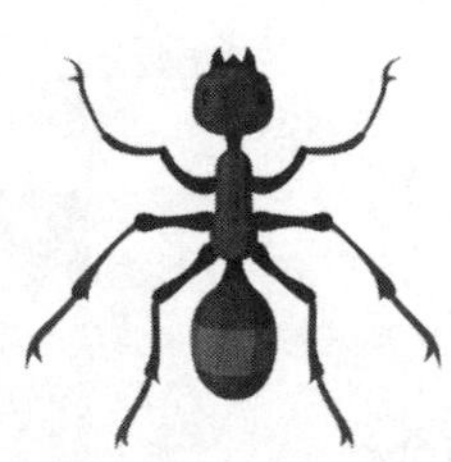

USEFUL EXPRESSIONS AT WORK

What pests have you seen? It's important to detect them quickly.	*¿Qué plagas ha visto? Es importante detectarlas rápidamente.*
After the fumigation, you will need to avoid the area for at least 48 hours.	*Tras la fumigación necesitará evitar la zona durante al menos 48 horas.*
Make sure to keep children and pets away from the area where the pesticides have been applied.	*Asegúrese de mantener a los niños y las mascotas alejados de la zona donde se han aplicado los pesticidas.*
Do you have any questions about pests or pest control?	*¿Tiene alguna pregunta sobre plagas o control de plagas?*
I will seal up all the cracks to prevent an indoor infestation.	*Sellaré todas las grietas para prevenir una infestación en el interior.*
This treatment eliminates fleas from your house quickly and effectively.	*Este tratamiento elimina las pulgas de su casa rápida y eficazmente.*

ENGLISH IN PRACTICE

"In", **"on"** y **"at"** son preposiciones muy usadas en expresiones de tiempo.

IN se usa:

Con meses, estaciones y años:

The exam is **in** April.
El examen es en abril.

Con partes del día, excepto **"at night"** *(por la noche)*:

I get up early **in** the morning.
Me levanto temprano por la mañana.

Para expresar *"dentro de + período de tiempo":*

They will be here **in** two hours.
Estarán aquí dentro de dos horas.

ON se usa:

Al referirnos a un día o a una fecha determinada:

I go to the gym **on** Wednesdays.
Voy al gimnasio los miércoles.

Si nos referimos a un día y a una parte de ese día, se usa "on", pero desaparece "in the" delante de la parte del día:

They usually go out **on** Saturday evenings.
Normalmente salen los sábados por la noche.

En expresiones como "**on** the weekend / **on** weekends".

I never work **on** weekends.
Nunca trabajo los fines de semana.

AT se usa:

Al hablar de horas:

I start work **at** 8:00. *Empiezo a trabajar a las 8:00.*

Con ciertos períodos de tiempo, como **"at Christmas"** *(en Navidad)* o **"at Easter"** *(en Semana Santa)*.

¿Cómo puedo preguntar por el tiempo que hace?

Cuando se quiere preguntar por el tiempo se suele decir:

What's the weather like?
¿Cómo está el tiempo?, ¿Qué tiempo hace?

How's the weather?
¿Cómo está el tiempo?

Y para responder, se ha de tener en cuenta que el sujeto siempre es **"it"**, al que le sigue el verbo "**to be**".

What's the weather like today? It's raining and very cold.
¿Qué tiempo hace hoy? Está lloviendo y hace mucho frío.

How's the weather? It's sunny.
¿Qué tiempo hace? Está soleado.

Has de recordar el nombre de las estaciones del año, que también guardan relación con el tiempo.

spring *primavera*

summer *verano*

fall *otoño*

winter *invierno*

In **spring** it's warm and rainy.
En primavera hace un tiempo cálido y lluvioso.

EXERCISES

1. Completa con "in", "on" y "at" donde sea necesario.

a) The exam is .... 9 o'clock .... the morning.

b) She never works .... weekends.

c) My grandmother was born .... 1912.

d) I go out with my friends .... Sunday .... evenings.

e) They are on vacation .... Easter.

Key: 1.- a) at, in, b) on, c) in, d) on, -, e) at

What about this look?

DIALOGUE

Valerie, a make-up artist, is meeting Mrs. Davis. She is going to a wedding and wants to have her make-up professionally done for the occasion.

Valerie, una maquilladora, se encuentra con la Sra. Davis. Ella va a una boda y quiere llevar un maquillaje profesional para la ocasión.

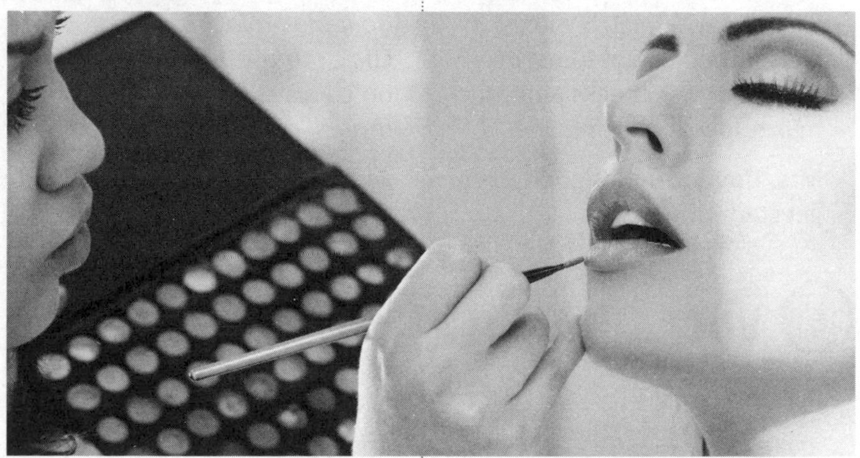

Valerie: Good morning, Mrs. Davis. First of all, in order to propose a make-up style to my clients, I always ask them what they will be wearing for their special event.

Valerie: *Buenos días, Sra. Davis. En primer lugar, para proponer un estilo de maquillaje a mis clientas, siempre les pregunto lo que llevarán puesto para ese momento especial.*

Mrs. Davis: Generally I wear my lavender dress for weddings, but in this case there is a special dress code: everyone has to wear primary colors. I'll be wearing a yellow jacket and a yellow pair of pants, along with red high-heeled shoes.

Mrs. Davis: *Generalmente llevo mi vestido lavanda en las bodas, pero en este caso hay un código de vestimenta especial: todos han de llevar colores primarios. Yo llevaré una chaqueta amarilla, unos pantalones amarillos, así como zapatos de tacón alto.*

Valerie: I see you have green eyes. A soft purple eye shadow will enhance them dramatically. With a bit of eyeliner and some fake eyelashes, you'll look fantastic, I am sure!

__Valerie:__ Veo que tiene los ojos verdes. Una suave sombra de ojos púrpura los resaltará muchísimo. Con un poco de lápiz de ojos y unas pestañas postizas quedará fantástica, ¡estoy segura!

Mrs. Davis: I've never worn fake eyelashes before, but I'll try this time. What about my lips?

__Mrs. Davis:__ Nunca he llevado pestañas postizas antes, pero probaré esta vez. ¿Y los labios?

Valerie: Let's apply a red lipstick. It will match your shoes. Then a light touch of blush on your cheeks and your make-up will be complete.

__Valerie:__ Apliquemos un lápiz de labios rojo. Irá a juego con sus zapatos. Luego un toque de colorete en las mejillas y su maquillaje quedará completo.

Mrs. Davis: Sounds good. Let's get started!

__Mrs. Davis:__ Suena bien. ¡Manos a la obra!

VOCABULARY

make-up artist	*maquillador/a*
make-up	*maquillaje*
to make up	*maquillar*
eye shadow	*sombra de ojos*
lipstick	*lápiz de labios*
blush	*colorete*
foundation	*base*
eye liner	*lápiz de ojos*
mirror	*espejo*
fake eyelashes	*pestañas postizas*
powder	*polvos de maquillaje*
eyebrow pencil	*lápiz para cejas*
make-up remover	*desmaquillador*
waterproof	*resistente al agua*

USEFUL EXPRESSIONS AT WORK

Let's apply some foundation to hide dark spots or blemishes on the skin.	*Apliquemos algo de base para ocultar puntos negros o marcas de la piel.*
Would you like to use a bronzer to give yourself a suntanned look?	*¿Le gustaría usar un bronzer para darle un aspecto bronceado?*
Glitter looks great for a night out.	*La purpurina queda estupenda para una salida por la noche.*
If you want to enhance your eyelashes, I can use an eyelash curler.	*Si quiere realzar sus pestañas, puedo usar un rizador (de pestañas).*
If your skin tone is fair, you can apply pink blush.	*Si su tono de piel es claro, se puede aplicar colorete rosa.*
I like to use a lipliner to give my lips definition.	*Me gusta usar un delineador para dar definición a los labios.*

ENGLISH IN PRACTICE

¿De qué manera puedo puedo expresar la ropa que llevo puesta?

Para ello has de usar el verbo **"to be wearing"** *(llevar puesto)*.

What **are** you **wearing**? *¿Qué llevas puesto?*

I **am wearing**... *Llevo puesto ...*

Clothes	*ropa*		
uniform	*uniforme*	**coverall**	*bata*
overalls	*mono de trabajo*	**shirt**	*camisa*
T-shirt	*camiseta*	**sweater**	*suéter*
pants	*pantalones*	**jeans**	*tejanos, jeans*
shorts	*pantalones cortos*	**blouse**	*blusa*
skirt	*falda*	**dress**	*vestido*
coat	*abrigo*	**raincoat**	*impermeable*
belt	*cinturón*	**suit**	*traje*
tie	*corbata*	**underwear**	*ropa interior*
jacket	*chaqueta*	**socks**	*calcetines*
stockings	*medias*	**shoes**	*zapatos*
sandals	*sandalias*	**boots**	*botas*
jogging suit	*vestimenta para correr*	**sneakers**	*zapatillas deportivas*
pajamas	*pijama*	**scarf**	*bufanda*
gloves	*guantes*	**bathing suit**	*bañador*

Is he wearing a white **coverall**?
¿Lleva ella una bata blanca?

I'm wearing **gloves** and a **scarf**. It's cold.
Llevo guantes y una bufanda. Hace frío.

Recuerda que también puedes usar adjetivos que indiquen color, como los siguientes:

red	*rojo*	**blue**	*azul*
yellow	*amarillo*	**green**	*verde*
orange	*anaranjado*	**brown**	*marrón*
black	*negro*	**white**	*blanco*
gray	*gris*	**pink**	*rosa*
purple	*morado*	**fuchsia**	*fucsia*
sky blue	*azul celeste*	**navy blue**	*azul marino*

The director is wearing a **blue** suit and a **red** tie today.
El director lleva puesto un traje azul y una corbata roja hoy.

¿De qué manera puedo indicar cuándo tiene lugar una acción?

Para ello harás uso de ciertos adverbios, que son indicadores de tiempo. Cuando nos referimos a una acción que tiene lugar en el presente, son los siguientes:

now	*ahora*	**right now**	*ahora mismo*
at the moment	*en este momento*	**at present**	*en este momento*
every day	*todos los días*	**currently**	*actualmente*
today	*hoy*	**tonight**	*esta noche*
this week	*esta semana*	**this year**	*este año*

Are you studying English **now**?
¿Estás estudiando inglés ahora?

They are working hard **this month**.
Ellos están trabajando duro este mes.

It's very cold **tonight**.
Hace mucho frío esta noche.

Vincent is living in Texas **at the moment**.
Vincent está viviendo en Texas en este momento.

Ya aprendiste cómo **presentar a una persona** de manera coloquial. En esta ocasión vamos a tratar algunas expresiones más formales.

Coloquialmente podrás decir:

Steve, **this is** Wilson.
Steve, éste es Wilson.

Y más formalmente dirás:

Mr. Clark, **let me introduce you to** Wilson.
Sr. Clark, permítale presentarle a Wilson.

John, **I'd like you to meet** Fernando.
John, me gustaría que conocieras a Fernando.

EXERCISES

1. ¿Cómo se pregunta a alguien qué lleva puesto?

....

....

2. Ordena las letras para formar palabras relativas a la ropa.

a) R S I T K ....

b) C A T E K J ....

c) T R E W A S E ....

d) S N E J A ....

3. Encuentra cinco colores escondidos en la siguiente serie de letras:

B O S W H I T E Y R E D O R A N G B R O W N
P I N K V B L U I G R A Y

Key: 1.- What are you wearing?; 2.- a) SKIRT, b) JACKET, c) SWEATER, d) JEANS; 3.- WHITE, RED, BROWN, PINK, GRAY.

First day on the job

DIALOGUE

Bob is teaching his new coworker, Mateo, how to run the pipe cutting machine.

Bob está enseñando a su nuevo compañero, Mateo, cómo hacer funcionar la cortadora de tubos.

Bob: Let's see, Mateo. Before we start with how the machine works, it is very important to go over a couple of safety issues.

Bob: *Veamos, Mateo. Antes de que empecemos con el funcionamiento de la máquina, es muy importante tratar un par de temas de seguridad.*

Mateo: Okay. I'm sorry, but can you please speak louder and slower? There is a lot of noise in here.

Mateo: *De acuerdo. Perdona pero, ¿puedes hablar más alto y más despacio, por favor? Hay mucho ruido aquí dentro.*

Bob: Excuse me. I can hardly hear you. What did you just say?

Bob: *Disculpa. Apenas te puedo escuchar. ¿Qué acabas de decir?*

The loud background noise quiets down and they can hear each other better.

Mateo: That is much better. Please, continue.

Bob: As I was saying, it is always important to keep your hands away from the cutting blade and wear your protective equipment. The blade will cut through your fingers like butter, just like it does with the PVC pipe.

Mateo: PVC pipe, what is that exactly?

Bob: PVC stands for polyvinyl chloride. It's the synthetic material that some piping is made of.

Mateo: Ah, yes, PVC! You'll have to excuse me. I didn't understand the term.

Bob: The machine is quite simple to run. All you have to do is press the red button and make sure that no piping gets stuck in the gears. If something gets stuck, you turn off the machine, take out the broken pieces and then restart the machine.

Mateo: That seems simple. I can do that without any problem.

El fuerte ruido de fondo aminora y se pueden escuchar mejor mutuamente.

Mateo: *Así mucho mejor. Por favor, continúa.*

Bob: *Como iba diciendo, siempre es importante mantener las manos lejos de la cuchilla de corte y llevar puesto tu equipo de protección. La cuchilla te cortará los dedos como si fueran mantequilla, como hace con el tubo de PVC.*

Mateo: *Tubo de PVC, ¿qué es exactamente?*

Bob: *PVC quiere decir policloruro de vinilo. Es el material sintético del que están hechos algunos tubos.*

Mateo: *¡Ah, sí, PVC! Tendrás que perdonarme. No entendía el término.*

Bob: *La máquina es bastante sencilla de operar. Todo lo que tienes que hacer es presionar el botón rojo y asegurarte de que ningún tubo se queda atrapado en el engranaje. Si algo se queda atrapado, apaga la máquina, saca las piezas rotas y vuelve a prenderla.*

Mateo: *Parece sencillo. Puedo hacer eso sin problema.*

VOCABULARY

machine operator	*operario de máquina*
machine	*máquina*
button	*botón*
switch	*interruptor*
gears	*engranaje*
blade	*hoja, cuchilla*
to set up	*preparar, montar*
to switch on / off	*encender / apagar*
to stop	*detener*
to start	*arrancar, prender*

USEFUL EXPRESSIONS AT WORK

Every day I have to set up the machine before starting the production cycle.	*Todos los días tengo que preparar la máquina antes de empezar el ciclo de producción.*
Based on the amount of orders received, it's necessary to adjust different settings, like the speed.	*Considerando la cantidad de pedidos recibidos, es necesario ajustar diferentes configuraciones, como la velocidad.*
If something gets caught in the gears, there is an emergency shut off switch on the right side of the machine.	*Si algo queda atrapado en el engranaje, hay un interruptor de apagado de emergencia en el lado derecho de la máquina.*
It can be dangerous introducing the raw material into the machine, so it is important to pay special attention when doing so.	*Puede ser peligroso introducir la materia prima en la máquina, así que es importante prestar una atención especial cuando se haga.*
We keep a log of the daily production.	*Guardamos un registro de la producción diaria.*
A quality control agent relays us the necessary information to calibrate the machine and fix any errors.	*Un agente de control de calidad nos facilita la información necesaria para calibrar la máquina y arreglar cualquier error.*

ENGLISH IN PRACTICE

¿De qué manera puedo expresar que puedo o sé realizar alguna actividad determinada?

Para ello has de hacer uso del verbo **"can"** (*poder*). Es un verbo modal que usamos para expresar habilidad para hacer algo (por lo que también equivale a "*saber*").

"**Can**" se utiliza delante de un infinitivo (sin "to") y tiene una forma invariable para todas las personas, es decir, en presente, no añade "-s" en tercera persona.

I **can** speak English.
Yo puedo / sé hablar inglés.

You **can** stop the machine now.
Ahora puedes detener la máquina.

He **can** work in another department.
Él puede trabajar en otro departamento.

La forma negativa de **"can"** es **"can't"**, aunque también se puede usar **"cannot"**.

He **can't** work overtime.
Él no puede trabajar horas extras.

We **can't** drive a truck.
No podemos / sabemos conducir un camión.

Al tratarse de un verbo auxiliar,
en preguntas invierte el orden con el sujeto.

Can you replace this piece?
¿Puedes cambiar esta pieza?

What **can** we do?
¿Qué podemos hacer?

Where **can** I find the instructions?
¿Dónde puedo encontrar las instrucciones?

Si la pregunta empieza con **"can"**, la respuesta puede ser corta.

Can you switch on the light, please? **Yes, I can.**
¿Puedes encender la luz? Sí.

Can he send an email now? **No, he can't**.
¿Puede él enviar un correo electrónico ahora? No, no puede.

"Can" también se utiliza para pedir y dar permiso.

Can I open the window? It's hot in here.
¿Puedo abrir la ventana? Hace calor aquí adentro.

You **can** drive my car.
Puedes conducir mi carro.

¿Cómo puedo pedir que me repitan algo que me acaban de decir? ¿Y si lo que necesito es saber el significado de alguna palabra?

Para pedir coloquialmente que alguien nos repita algo, lo haremos de la siguiente manera:

Can you repeat that, please?
¿Puedes repetir eso, por favor?

Can you repeat your name, please?
¿Puedes repetir tu nombre, por favor?

Y para preguntar por el significado de una palabra usamos el verbo "**to mean**" *(significar)*.

What does "clothes" **mean**? **It means** "ropa".
¿Qué significa "clothes"? Significa "ropa".

Aunque también podemos usar la siguiente pregunta:

What's the meaning of "clothes"?
¿Cuál es el significado de "clothes"?

Recuerda que para **disculparte** antes de pedir información o ayuda, o bien cuando se vaya a ocasionar alguna molestia, se utiliza **"excuse me"** (*disculpe*), y si ya se ha ocasionado algún daño, se usan **"sorry"** o **"I'm sorry"** (*perdone/lo siento*).

- **Excuse me.** Are you Miss Duffy?
- *Perdone. ¿Es usted la Srta. Duffy?*

- No, I'm not. I'm Mrs. Black.
- *No, no lo soy. Soy la Sra. Black.*

- Oh**, sorry!** - *¡Oh, perdone!*

También se dice **"I'm sorry"** cuando no se puede ayudar a alguien (por ejemplo, cuando le preguntan por una dirección y no la conoce).

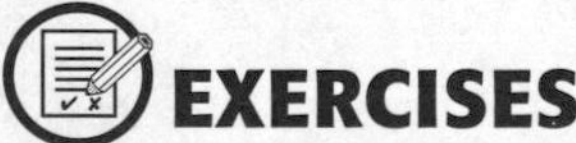

EXERCISES

1. Corrige los errores en las frases que lo precisen.

a) My mother cans cook very well.

b) He can't uses the computer.

c) Can you help me, please?

d) They can't to open the bottle.

e) Can Olga to work in that factory?

Key: 1.- a) can cook, b) can't use, c) -, d) can't open, e) Can Olga work.

Where would you like to go?

DIALOGUE

Hector is a private chauffeur picking up Mrs. Howard from her mansion in Beverly Hills to take her to a party.

Héctor es un chófer privado que está recogiendo a la Sra. Howard de su mansión en Beverly Hills para llevarla a una fiesta.

Hector: Good evening, Mrs. Howard. My name is Hector Garcia and I will be your chauffeur this evening.

Mrs. Howard: Thank you, Hector. I am attending a party in West Hollywood tonight. It starts at 7 pm.

Hector: What is the address?

Mrs. Howard: The address is 1200 Laurel Lane. It's at the top of a hill.

Hector: Perfect. We should be there in approximately twenty-five minutes.

Héctor: *Buenas noches, Sra. Howard. Me llamo Héctor García y seré su chófer esta noche.*

Mrs. Howard: *Gracias, Héctor. Voy a asistir a una fiesta en West Hollywood esta noche. Comienza a las 7 pm.*

Héctor: *¿Cuál es la dirección?*

Mrs. Howard: *La dirección es 1200 Laurel Lane. Está en la parte superior de una colina.*

Héctor: *Perfecto. Deberíamos estar allí aproximadamente en veinticinco minutos.*

Mrs. Howard: We should take the back roads to avoid traffic.

__Mrs. Howard:__ Deberíamos tomar los caminos alternativos para evitar el tráfico.

Hector: Of course, as you prefer. I know a faster route that will take less time.

__Héctor:__ Por supuesto, como prefiera. Conozco una ruta más rápida que llevará menos tiempo.

Mrs. Howard: I am afraid there will be a lot of traffic. I just don't want to be late.

__Mrs. Howard:__ Me temo que habrá mucho tráfico. No quiero llegar tarde.

Hector: Don't worry. I will make sure you get there on time.

__Héctor:__ No se preocupe. Me aseguraré de que llegue allí puntualmente.

Twenty minutes later...

Veinte minutos después...

Hector: We are almost there. It should only be about five more minutes.

__Héctor:__ Casi estamos allí. Solo deberían ser cinco minutos más.

Mrs. Howard: Okay.

__Mrs. Howard__: De acuerdo.

Hector: Here we are!

__Héctor:__ ¡Aquí estamos!

Mrs. Howard: Thank you very much, Hector. As you know, I will need a ride home as well.

__Mrs. Howard:__ Muchas gracias, Héctor. Como sabe, necesitaré un aventón para volver a casa también.

Hector: Yes, I'll be here waiting for you. Give me a call when you want to go home. Enjoy the party, Mrs. Howard.

__Héctor:__ Sí, estaré aquí esperándole. Llámeme cuando quiera ir a su casa. Disfrute de la fiesta, Sra. Howard.

VOCABULARY

private chauffeur	*chófer personal*
driver	*conductor*
to drive	*conducir, manejar*
destination	*destino*
gas / gasoline	*gasolina*
shortcut	*atajo*
highway	*carretera, autovía*
freeway	*autopista*
seatbelt / safety belt	*cinturón de seguridad*
luggage	*equipaje*
trunk	*maletero*
rush hour	*hora punta*
traffic jam	*atasco*
to be stuck in a traffic jam	*estar atascado*
to turn left / right	*girar a la izquierda / derecha*
to park the vehicle	*estacionar el vehículo*

USEFUL EXPRESSIONS AT WORK

Where would you like to go?	*¿Dónde le gustaría ir?*
Where can I take you?	*¿Dónde puedo llevarle?*
What's your destination?	*¿Cuál es su destino?*
Are you in a hurry? We'll take a shortcut to get there faster.	*¿Tiene prisa? Tomaremos un atajo para llegar allí más rápido.*
That place is very far.	*Ese lugar está muy lejos.*
It will take about thirty minutes.	*Tardaremos unos treinta minutos.*
Could you put on your seatbelt, please?	*¿Puede ponerse el cinturón de seguridad, por favor?*
Is the air-conditioning okay?	*¿Está bien el aire acondicionado?*

ENGLISH IN PRACTICE

¿Por qué hay casos en los que no aparece un artículo acompañando a un nombre?

En español, el artículo determinado es más frecuente que en inglés. Aprendamos entonces los casos en los que en inglés no se utiliza el artículo, aunque sí se haga en español.

Al referirnos a un nombre de manera general:

Money is important in our lives.
El dinero es importante en nuestras vidas.

I like **cars**.
Me gustan los autos.

Con los días de la semana:

The classes are **on Mondays**.
Las clases son los lunes.

Al indicar una hora:

It's seven o'clock.
Son las siete en punto.

We start work **at 05:30 am**.
Empezamos el trabajo a las 05:30 am.

En algunas expresiones, como las siguientes:

watch television: *ver la televisión*

have breakfast: *desayunar (tomar el desayuno)*

have lunch: *almorzar (tomar el almuerzo)*

have dinner: *cenar (tomar la cena)*

They never **watch television.**
Ellos nunca ven la televisión.

She always **has breakfast** at 8.
Ella siempre desayuna a las 8.

Cuando el verbo **"to play"** significa *"jugar"* no se usa "the" junto al juego o deporte, pero si significa *"tocar" (música)*, el artículo sí aparece junto al instrumento:

I never **play baseball.**
Nunca juego al béisbol.

He **plays the guitar** in a band.
Él toca la guitarra en una banda.

Ante una persona con título o tratamiento:

Mrs. Martin is tall and elegant.
La Sra. Martin es alta y elegante.

¿Qué preposiciones se usan para indicar dónde se encuentra algo o alguien?

En estos casos se usan las preposiciones de lugar. Entre ellas están:

near	*cerca*	**far (from)**	*lejos (de)*
next to	*junto a*	**beside**	*al lado de*
behind	*detrás de*	**in front of**	*delante de*
between	*entre (dos)*	**among**	*entre (más de dos)*
across from	*enfrente de*	**under**	*debajo de*
above, over	*(por) encima de*		

There's a library **near** the school.
Hay una biblioteca cerca de la escuela.

That place is **far from** here.
Ese lugar está lejos de aquí.

The shop is **next to** the bank.
La tienda está junto al banco.

There's a dog **behind** the door.
Hay un perro detrás de la puerta.

Peter's car is **in front of** his house.
El auto de Peter está delante de su casa.

Dorothy is **among** those people.
Dorothy está entre esas personas.

The key is **under** the table.
La llave está debajo de la mesa.

There's a plane **over** the city.
Hay un avión sobre la ciudad.

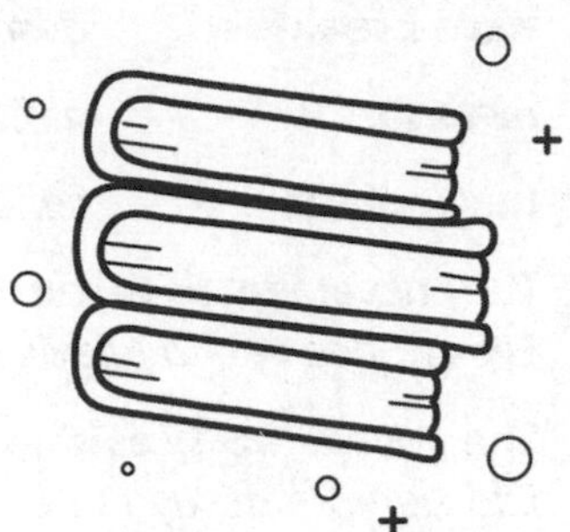

EXERCISES

1. Usa "the", "a/an" o deja el espacio en blanco en las siguientes oraciones.

a) I don't like .... chocolate.

b) She lives in .... apartment house.

c) .... Spanish people are friendly.

d) They never play .... soccer.

e) .... classical music is relaxing.

2. Elige la preposición adecuada entre las distintas opciones.

a) London is .... San Francisco. (near, far from, next to)

b) The dining room is .... the kitchen. (across from, between, among)

c) Is there a bridge .... the river? (under, behind, over)

d) Susan is .... John and George. (among, between, above)

e) The wall is .... the picture. (under, far from, behind)

Key: 1- a) -, b) an, c) -, d) -, e) -; 2- a) far from, b) across from, c) over, d) between, e) behind.

There are a lot of dishes to wash

DIALOGUE

Alexander, the restaurant dishwasher, is explaining to his new colleague, Teresa, what she has to do.

Alexander, el friegaplatos del restaurante, le está explicando a su nueva compañera, Teresa, lo que tiene que hacer.

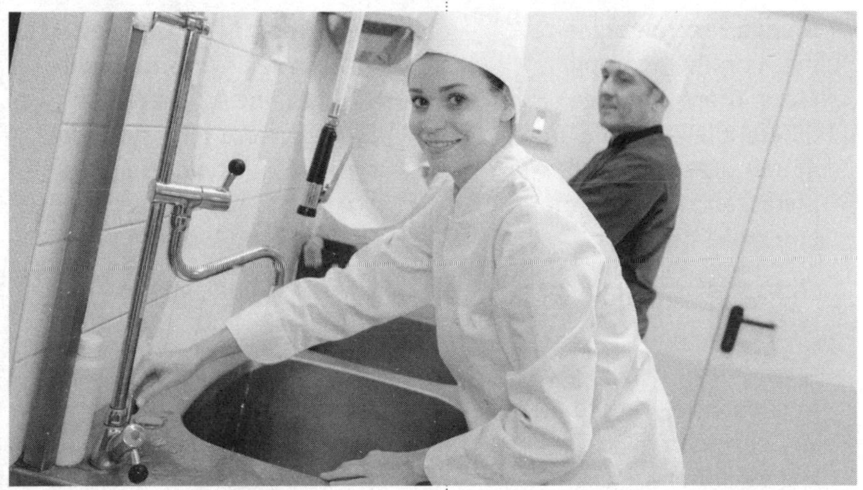

Alexander: Look, Teresa, the first sink is for dirty dishes. You have to fill the sink with a little hot water.

Teresa: Okay.

Alexander: Then we scrub the dishes and remove left-over food. Next you stack the dishes onto trays and push them into the dishwasher.

Teresa: And how much dishwasher detergent do we add?

Alexander: Not much. Just a little.

Alexander: *Mira, Teresa, la primera pileta es para los platos sucios. Has de llenar la pileta con un poco de agua caliente.*

Teresa: *De acuerdo.*

Alexander: *Luego frotamos los platos y quitamos los restos de comida. Posteriormente apilas los platos en bandejas y las metes en el lavavajillas.*

Teresa: *¿Y cuánto jabón lavavajillas añadimos?*

Alexander: *No mucho. Solo un poco.*

Teresa: Okay. And how many dishes can I stack onto the next tray?

__Teresa:__ De acuerdo. ¿Y cuántos platos puedo apilar en la siguiente bandeja?

Alexander: You can stack as many as will fit. Then, when the cycle finishes, open the dishwasher carefully and pull out the tray.

__Alexander__: Puedes apilar tantos como quepan. Luego, cuando el ciclo finaliza, abres el lavavajillas y sacas la bandeja.

Teresa: Where do we place the dishes then?

__Teresa:__ ¿Dónde coloco los platos entonces?

Alexander: You organize them on the appropriate racks. There are three different levels. Here are dinner plates, here are soup plates, and here are cups and small dishes.

__Alexander:__ Los organizas en los estantes correspondientes. Hay tres niveles diferentes. Aquí están los platos hondos, aquí están los platos llanos, y aquí están las tazas y los platos pequeños.

Teresa: Where do utensils go?

__Teresa:__ ¿Dónde van los cubiertos?

Alexander: Utensils go next to cups inside these baskets. You sort them by type: forks, knives, spoons, etc.

__Alexander:__ Los cubiertos van dentro de estas cestas. Los distribuyes según el tipo: tenedores, cuchillos, cucharas, etc.

Teresa: I understand. Thanks, Alexander.

__Teresa:__ Comprendo. Gracias, Alexander.

dishwasher (person)	*friegaplatos (persona)*
dishwasher (machine)	*lavavajillas (máquina)*
dishwasher detergent	*detergente para lavavajillas*
scourer / scrubber	*estropajo*
sink	*pileta, fregadero*
dirty dishes	*platos sucios*
steel wool	*lana de acero*
cloth / rag	*paño de cocina*
rubber gloves	*guantes de goma*
dishwashing liquid	*lavavajillas (producto de limpieza)*
rinse aid	*abrillantador*
dishwasher salt	*sal de lavavajillas*
left-over food	*restos de comida*
degreaser	*desengrasante*
basket	*cesto, cesta*
tray	*bandeja*
rack	*estante*
drawer	*cajón*
prewash program	*programa de prelavado*
refill indicator	*indicador de recarga*
to end a cycle	*finalizar un ciclo*
to do / to wash the dishes	*lavar / fregar los platos*
to scrub	*frotar, restregar*
to stack	*apilar*
to soak	*remojar*
to dry	*secar*
to place	*colocar*

USEFUL EXPRESSIONS AT WORK

Make sure to wear gloves while handling cleaning chemicals.

Asegúrate de llevar guantes mientras manejes productos químicos.

Keep your head back when you open the dishwasher, because there is a lot of steam and it can burn you.

Mantén la cabeza hacia atrás cuando abras el lavavajillas, porque hay mucho vapor y puede quemarte.

We have to scrub the dishes and remove the left-over food.

Tenemos que frotar los platos y eliminar los restos de comida.

Sometimes the dishwasher may become clogged.

A veces el lavavajillas se puede atorar.

After washing the dishes, check they are dry and place them on the appropriate racks.

Tras lavar los platos, comprueba que están secos y colócalos en los estantes correspondientes.

ENGLISH IN PRACTICE

¿Cómo puedo expresar cantidades, es decir, mucha o poca cantidad de algo?

Para expresar mucha o una gran cantidad de alguna cosa, se usan los adverbios "**much**", "**many**" y "**a lot of**".

much + nombre incontable	*mucho/a*
many + nombre contable	*muchos/as*
a lot of + nombre contable o incontable	*mucho/a/os/as*

Has de recordar que **"a lot of"** se utiliza en **frases afirmativas**, mientras que **"much"** y **"many"** se usan principalmente en **frases negativas y preguntas**.

I have **a lot of** work. *Tengo mucho trabajo.*

She doesn't have **much** money. *Ella no tiene mucho dinero.*

Are there **many** rooms in the house?
¿Hay muchas habitaciones en la casa?

Para expresar poca o una pequeña cantidad de alguna cosa, se usan "**little**" y "**few**".

little + nombre incontable	*poco/a*
few + nombre contable	*pocos/as*

Tanto "**little**" como "**few**" se pueden usar en **frases afirmativas, negativas e interrogativas**.

There is **little** diswashing liquid left. *Queda poco lavavajillas.*

I have **few** friends here. *Tengo pocos amigos aquí.*

En estos ejemplos, la cantidad (de lavavajillas o de amigos) es pequeña y, además, parece insuficiente. Para expresar que una cantidad es pequeña pero suficiente, se hace uso de "**a little**" *(un/a poco/a)* y "**a few**" *(unos/as pocos/as)*.

There is **a little** diswashing liquid left.
Queda un poco de lavavajillas.

I have **a few** friends here.
Tengo unos pocos amigos aquí.

¿Y si quiero preguntar por una cantidad?

Para preguntar por cantidades se utilizan:

How much? *(¿Cuánto/a?)*, si se trata de un nombre incontable.

How many? *(¿Cuántos/as?)*, si se trata de un nombre contable.

How much milk is there in the fridge? There is little milk.
¿Cuánta leche hay en la nevera? Hay poca leche.

How many dishes can I stack on a tray? You can stack a lot of them.
¿Cuántos platos puedo apilar en una bandeja? Puedes apilar muchos.

Recuerda que **"How much?"** se utiliza también para preguntar precios.

How much is the beer?
¿Cuánto cuesta la cerveza?

How much are the apples?
¿Cuánto cuestan las manzanas?

EXERCISES

1. Elige la opción correcta para completar las oraciones.

a) How .... spoons are there in the drawer? (much, many, little)

b) Only .... people can answer that question. (many, few, little)

c) There are 10 litres of juice. That's .... juice for you. (a lot of, much, a few)

d) There isn't .... coffee in the kitchen. (few, many, much)

e) How .... money do you need? (little, much, many)

Key: 1.- a) many, b) few, c) a lot of, d) much, e) much.

I am responsible for my team's work

DIALOGUE

The foreman is talking to two workers on his team at the construction site about the new job contract.

El capataz está hablando con dos obreros de su equipo de la obra sobre el nuevo contrato de trabajo.

Foreman: Listen, we have an extension to our job contract for the residential site. We are going to build another set of apartments and an underground parking garage.

Capataz: *Escuchen, tenemos una extensión de nuestro contrato de trabajo en el residencial. Vamos a construir otro bloque de apartamentos y un aparcamiento subterráneo.*

Worker 1: Will the schedules be the same?

Obrero 1: *¿Los horarios serán los mismos?*

Foreman: We will start work later, so we don't disturb the neighborhood. Some of the last apartments we built now have tenants.

Capataz: *Empezaremos a trabajar más tarde para no molestar al vecindario. Algunos de los apartamentos que construimos ahora tienen inquilinos.*

Worker 2: Is it the same team as on the job before?

Foreman: It will be a smaller team than the one before.

Worker 1: So some of us will be sacked.

Foreman: No, they will be sent to another building site.

Worker 1: But a smaller team will work longer hours.

Foreman: Yes, but the team will earn overtime pay.

Worker 2: This job is exhausting. It's very hard to work overtime.

Foreman: I know, but we have no choice.

Worker 2: That's what I see.

Foreman: Well, let's go back to work now. I will give you more details tomorrow.

Obrero 2: *¿Es el mismo equipo que en el trabajo anterior?*

Capataz: *Será un equipo más pequeño que el anterior.*

Obrero 1: *Entonces nos despedirán a algunos de nosotros.*

Capataz: *No, se enviarán a otra obra.*

Obrero 1: *Pero un equipo más pequeño trabajará más horas.*

Capataz: *Sí, pero al equipo se le pagarán las horas extras.*

Obrero 2: *Este trabajo es agotador. Es muy duro trabajar hora extras.*

Capataz: *Lo sé, pero no tenemos elección.*

Obrero 2: *Es lo que veo.*

Capataz: *Bueno, volvamos al trabajo ahora. Les daré más detalles mañana.*

VOCABULARY

foreman	*capataz*
team	*equipo*
job contract	*contrato laboral*
schedule	*horario*
responsibility	*responsabilidad*
overtime pay	*pago de horas extras*
hard	*duro*
exhausting	*agotador*
to build	*construir*
to work overtime	*trabajar horas extras*
to be sacked	*ser despedido (del trabajo)*
to supervise	*supervisar*
to hire / to contract	*contratar*

USEFUL EXPRESSIONS AT WORK

As a foreman I am responsible for my team's work.	*Como capataz, soy responsable del trabajo de mi equipo.*
It is my responsibility to supervise and ensure the productivity at the job site.	*Es responsabilidad mía supervisar y asegurar la productividad en el lugar de trabajo.*
You must have experience working with teams of people to become a foreman.	*Debes tener experiencia trabajando con equipos de gente para llegar a ser capataz.*
All workers must wear the appropriate safety gear.	*Todos los trabajadores deben llevar el equipo de seguridad adecuado.*
We need to work with more precision than speed.	*Necesitamos trabajar con más precisión que velocidad.*
Foremen work in diverse environments, like factories and construction sites.	*Los capataces trabajan en diversos entornos, como en fábricas y obras.*

ENGLISH IN PRACTICE

¿De qué manera puedo preguntar y responder acerca del trabajo?

En este punto, en primer lugar tenemos que tener clara la diferencia entre dos términos que a veces nos pueden llevar a confusión:

"Work" significa *"trabajo"* y es un término con significado general. También se usa como verbo (**to work**: *trabajar*).

"Job" también significa *"trabajo"*, pero como *"empleo"* o *"puesto de trabajo"*, y no se puede usar como verbo.

Sabiendo esto, cuando se quiera preguntar sobre el trabajo o la profesión de alguien, se puede usar alguna de las siguientes expresiones:

What do you do?
¿A qué te dedicas?, ¿Qué haces?

What's your job?
¿Cuál es tu trabajo?

What's your job? I am an architect.
¿Cuál es tu trabajo? Soy arquitecto.

What does she do? She is a nurse.
¿A qué se dedica ella? Es enfermera.

What do they do? They are painters.
¿A qué se dedican ellos? Son pintores.

Si queremos ampliar la información sobre algún trabajo en particular, podemos usar los siguientes adjetivos para describirlo.

interesting	*interesante*	**boring**	*aburrido*
difficult	*difícil*	**easy**	*fácil*
tiring	*cansado*	**relaxing**	*relajado*
hard	*duro*	**risky**	*arriesgado*
safe	*seguro*	**dangerous**	*peligroso*
amusing	*entretenido*	**exhausting**	*agotador*

Estos adjetivos pueden colocarse delante del sustantivo:

I have a **hard** job.
Tengo un trabajo duro.

Firemen have a **dangerous** job.
Los bomberos tienen un trabajo peligroso.

O después del verbo «to be»:

My job is **exhausting**. *Mi trabajo es agotador.*

Con respecto al trabajo, las personas pueden ser:

hardworking	*trabajador/a*
reliable	*fiable*
responsible	*responsable*
efficient	*eficiente, eficaz*
creative	*creativo/a*
lazy	*haragán/a, perezoso/a*

They are **efficient** workers. *Son trabajadores eficientes.*

He's **hardworking** and **reliable**. *Él es trabajador y fiable.*

Recuerda que todos los adjetivos que hemos tratado pueden ir precedidos por un intensificador, como **"very"**.

We have a **very risky** job. *Tenemos un trabajo muy arriesgado.*

She is **very creative** at work. *Ella es muy creativa en el trabajo.*

EXERCISES

1. Une las preguntas con las respuestas correspondientes:

a) What does he do? 1) He is working now.

b) What's Tom doing? 2) He is a sales manager.

c) What's your job? 3) We are carpenters.

d) What are you doing? 4) You are a foreman.

e) What do I do? 5) I am sending an email.

2. Encuentra cinco adjetivos relacionados con el trabajo en la siguiente sopa de letras.

B	E	Y	S	A	E
X	O	U	A	I	D
T	S	R	H	N	R
Y	K	S	I	R	A
N	A	D	G	N	H
R	E	F	A	S	G

Key: 1.- a2, b1, c3, d5, e4; 2.- BORING, EASY, RISKY, HARD, SAFE.

Is everything ready for the party?

DIALOGUE

Mrs. Howard asks Carlos, the butler, about the preparations for a party at her mansion.

La Sra. Howard le pregunta a Carlos, el mayordomo, sobre los preparativos para una fiesta en su mansión.

Mrs. Howard: Carlos, is everything ready for the party next week?

Carlos: I still have to pick up the tablecloths from the dry cleaner's. I also have to order a cake. Apparently, the bakery on Walden Drive has a lot of different choices. Should I call them today?

Mrs. Howard: No, actually I prefer not. I don' like that they use frozen ingredients.

Sra. Howard: *Carlos, ¿está todo preparado para la fiesta de la semana próxima?*

Carlos: *Todavía tengo que recoger los manteles de la lavandería. También tengo que pedir una tarta. Al parecer, la panadería de Walden Drive tiene mucha variedad. ¿Debería llamarlos hoy?*

Sra. Howard: *No, de hecho prefiero que no. No me gusta que usen ingredientes congelados.*

Carlos: Okay. What about the one on Foothill Road? They use only fresh and local products. Their "black forest cake" is delicious.

Carlos: De acuerdo. ¿Qué tal la de Foothill Road? Solo usan productos frescos y locales. Su "tarta blackforest" está deliciosa.

Mrs. Howard: Yes, that is a good idea. Please, also ask them if it is possible to order something gluten free. The senator's wife is allergic.

Sra. Howard: Sí, es una buena idea. Por favor, pregúntales también si es posible pedir algo sin gluten. La esposa del senador es alérgica.

Carlos: Of course. Mrs. Howard, could I ask you something else?

Carlos: Por supuesto. Sra. Howard, ¿podría preguntarle algo más?

Mrs. Howard: Please, do, Carlos.

Sra. Howard: Claro, Carlos.

Carlos: Is it possible to have next Saturday off from work? It is my son's birthday and my wife and I are preparing a surprise for him. His grandparents will be there too.

Carlos: ¿Es posible que me pueda tomar libre el próximo sábado? Es el cumpleaños de mi hijo y mi esposa y yo estamos preparando una sorpresa para él. Sus abuelos estarán allí también.

Mrs. Howard: Family life is very important. I am happy to give you next Saturday off.

Sra. Howard: La vida familiar es muy importante. Me alegra concederte el próximo sábado libre.

Carlos: Thank you, Mrs. Howard. It is very kind of you.

Carlos: Gracias, Sra. Howard. Es usted muy amable.

VOCABULARY

butler	*mayordomo*
guest	*invitado/a*
visitor	*visitante*
host	*anfitrión/a*
attention to detail	*atención a los detalles*
to manage household staff	*dirigir al personal doméstico*
to look after guests	*cuidar de los invitados*
to supervise household activities	*supervisar las actividades domésticas.*

USEFUL EXPRESSIONS AT WORK

Please, come in and follow me.	*Pasen y síganme, por favor.*
Of course, ma'am, I will follow your instructions precisely.	*Por supuesto, señora, seguiré sus instrucciones con precisión.*
A butler must wear an immaculate white shirt. Appearance is very important.	*Un mayordomo ha de llevar una camisa blanca inmaculada. La apariencia es muy importante.*
Make sure to answer the doorbell as soon as possible.	*Asegúrate de responder al timbre de la puerta lo antes posible.*
The guests are first escorted to the cloakroom to leave their coats.	*Primero se acompaña a los invitados al guardarropa para dejar sus abrigos.*
May I have your umbrella?	*¿Me puede dar su paraguas?*
I need to be polite and courteous under all circumstances.	*He de ser educado y cortés bajo cualquier circunstancia.*
Can I get you a refreshment, or a tea maybe?	*¿Puedo traerle un refrigerio, o quizás un té?*

ENGLISH IN PRACTICE

¿De qué manera se puede expresar que algo gusta o no gusta?

Para expresar agrado o desagrado en inglés, podemos usar los verbos siguientes:

like	*gustar*
dislike	*no gustar / disgustar*
enjoy	*disfrutar*
love	*encantar*
hate	*odiar*
prefer	*preferir*

Estos verbos pueden ir seguidos de un nombre (o pronombre) o de otro verbo.

Con un nombre:

I **like** soccer.
Me gusta el fútbol.

They **love** Mexican food.
A ellos les encanta la comida mexicana.

My girlfriend **hates** mice.
Mi novia odia los ratones.

He **prefers** an ice cream.
Él prefiere un helado.

Cuando van seguidos de un verbo, éste último suele tener forma de gerundio.

My sisters **love dancing**.
A mis hermanas les encanta bailar.

I **hate getting up** early in the morning.
Odio levantarme temprano por la mañana.

Pero si usamos la forma condicional de "like" (would like: *gustaría*), el verbo que le sigue ha de usarse en infinitivo (con "to").

I **would like to find** a job.
Me gustaría encontrar un trabajo.

Recuerda que si quieres indicar que una persona *"también"* realiza una acción (al igual que otra persona), usarás "**also**", "**too**" y "**as well**".

En frases afirmativas, "**also**" se coloca detrás del verbo, si éste es auxiliar (to be, can, etc.), o delante de él, si no es auxiliar. Si la frase es una pregunta, sólo cambia de orden el verbo auxiliar.

I am **also** American. *También soy estadounidense.*

Is he **also** a butler? *¿Él también es mayordomo?*

We can **also** take the bus. *También podemos tomar el autobús.*

Do you **also** have an apartment in Manhattan?
¿También tienes un apartamento en Manhattan?

She makes her bed and she **also** cleans the bathroom.
Ella hace su cama y también limpia el cuarto de baño.

"**Too**" y "**as well**" se utilizan siempre al final de la frase y son sinónimos.

I like living in a mansion **too**.
También me gusta vivir en una mansión.

She has a good job **as well**.
Ella tiene un buen trabajo también.

Si quiero pedir permiso para hacer algo, ¿cómo lo puedo expresar?

Para solicitar permiso para realizar una acción se pueden usar los siguientes verbos modales: **"can"**, **"may"** y **"could"**.

Con **"can"** se solicita permiso de una manera informal, mientras que con **"may"** y con **"could"** se hace más formalmente.

Can I open the window?	*¿Puedo abrir la ventana?*
May I come in?	*¿Puedo pasar?*
Could I ask you a question?	*¿Puedo / Podría hacerle una pregunta?*

EXERCISES

1. Ordena las palabras para formar frases.

a) repairing I car dislike my.

....

b) likes the Tom playing piano much very.

....

c) Clare history studying enjoys.

....

d) hate we cockroaches.

....

2. Completar las frases con "also" o "too", en los espacios que lo precisen.

a) She .... is .... studying English.

b) I .... like .... fish.

c) You .... need .... a closet for your bedroom.

Key: 1.- a) I dislike repairing my car., b) Tom likes playing the piano very much., c) Clare enjoys studying history., d) We hate cockroaches.; 2.- a) She is also ..., b) I also like ..., c) You also need..

A massage is what I need

DIALOGUE

Diana is a massage therapist at the Dolphin Hotel & Beach Resort, and is giving a client a massage.

Diana es masajista en el Dolphin Hotel & Beach Resort, y le está dando un masaje a una clienta.

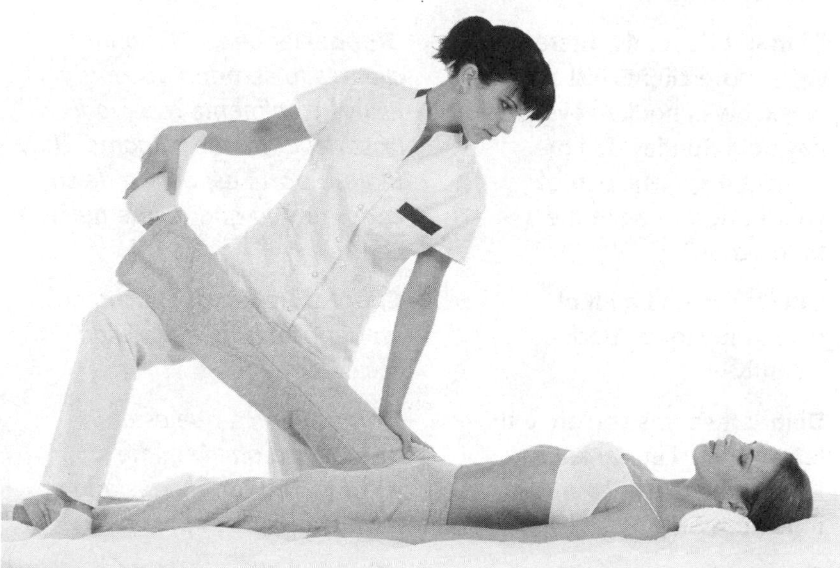

Receptionist: Hello, how are you? Do you have a reservation for a massage?

Guest: Yes, I was here two days ago and made a reservation for a massage with Diana.

Receptionist: Lovely, please wait here for a few minutes and she will be right with you. Would you like some tea while you wait?

Guest: Yes, please.

Recepcionista: *Hola, ¿cómo está? ¿Tiene reserva para un masaje?*

Cliente: *Sí, estuve aquí hace dos días e hice una reserva para un masaje con Diana.*

Recepcionista: *Muy bien. Por favor, espere aquí unos minutos y ella le atenderá. ¿Quiere té mientras espera?*

Cliente: *Sí, por favor.*

Ten minutes later…

Diana: Hi, I'm Diana. Please, follow me.

Diana prepares the oil for the massage. The guest is lying on the massage table.

Guest: Do you usually have a lot of clients?

Diana: It depends. There were more clients last week. I was booked every day until Sunday. Tell me, is there a specific part of your body you want me to focus on?

Guest: I've had a lot of pain in my lower back recently.

Diana: It seems you are a bit tense there. Let me know if I'm putting too little or too much pressure.

Guest: Oh, it's perfect!

Diana: I'm going to apply a little bit more pressure to help improve circulation.

Diana continues massaging the client for about an hour.

Diana: How do you feel?

Guest: Oh, I feel so peaceful and relaxed. Thank you so much for the massage.

Diana: You're welcome!

Diez minutos después …

Diana: *Hola, soy Diana. Por favor, sígame.*

Diana prepara el aceite para el masaje. La clienta está tumbada en la camilla de masajes.

Cliente: *¿Normalmente tiene muchos clientes?*

Diana: *Depende. Hubo más clientes la semana pasada. Estuve totalmente reservada hasta el domingo. Dígame, ¿hay alguna parte específica de su cuerpo en la que quiere que me centre?*

Cliente: *He tenido mucho dolor en la parte baja de la espalda recientemente.*

Diana: *Parece que está un poco tensa ahí. Dígame si estoy aplicando demasiada o demasiada poca presión.*

Cliente: *¡Oh, es perfecto!*

Diana: *Voy a aplicar un poco más de presión para ayudar a mejorar la circulación.*

Diana continúa masajeando a la clienta durante aproximadamente una hora.

Diana: *¿Cómo se siente?*

Cliente: *Oh, me siento muy tranquilo y relajado. Muchas gracias por el masaje.*

Diana: *¡De nada!*

VOCABULARY

massage	*masaje*
massage therapist	*masajista*
masseur / masseuse	*masajista (hombre) / masajista (mujer)*
massage table	*camilla de masajes*
oil	*aceite*
pain	*dolor*
full body massage	*masaje integral (en todo el cuerpo)*
relaxing massage	*masaje relajante*
relaxation	*relajación*
aromatherapy	*aromaterapia*
deep tissue massage	*masaje muscular profundo*
to relieve tension	*liberar la tensión*
to rub	*frotar, masajear*

USEFUL EXPRESSIONS AT WORK

Please, lie on the massage table face down.	*Por favor, túmbese en la camilla bocabajo.*
Are you comfortable enough?	*¿Está usted suficientemente cómoda?*
Are you pregnant?	*¿Está usted embarazada?*
Are you taking any medication?	*¿Está tomando algún medicamento?*
Please, turn over onto your stomach.	*Por favor, póngase bocabajo.*
Is there any area that needs more work?	*¿Hay alguna zona que necesite trabajarse más?*
How do you feel after the massage? I hope you enjoyed it.	*¿Cómo se siente después del masaje? Espero que lo haya disfrutado.*

ENGLISH IN PRACTICE

¿Cómo se expresan estados o situaciones en el pasado?

Para ello se usa el pasado simple del verbo **"to be"**, que tiene dos formas: **"was"** y **"were".**

De manera afirmativa es:

I	**was**	*yo era, estaba, fui, estuve*
you	**were**	*tú eras, estabas, fuiste, estuviste* *usted era, estaba, fue, estuvo*
he	**was**	*él era, estaba, fue, estuvo*
she	**was**	*ella era, estaba, fue, estuvo*
it	**was**	*(ello) era, estaba, fue, estuvo*
we	**were**	*nosotros/as éramos, estábamos, fuimos, estuvimos*
you	**were**	*ustedes eran, estaban, fueron,estuvieron*
they	**were**	*ellos/as eran, estaban, fueron, estuvieron*

I **was** in Chicago in 2007. — *Estuve en Chicago en 2007.*

He **was** at the meeting. — *Él estuvo en la reunión.*

They **were** ill last week. — *Ellos estuvieron enfermos la semana pasada.*

Para hacer frases negativas utilizaremos **"was not (wasn't)"** y **"were not (weren't)"**, y en preguntas, **"was"** y **"were"** se colocan delante del sujeto.

I **wasn't** there.
Yo no estaba/estuve allá.

You **weren't** happy.
Tú no eras feliz.

Were you tired after work?
¿Estabas cansado después del trabajo?

Recuerda que hay marcadores que indican que la acción tuvo lugar en el pasado, como los siguientes adverbios:

before	*antes*
yesterday	*ayer*
yesterday morning	*ayer por la mañana*
in the past	*en el pasado*
last night	*anoche*
last week	*la semana pasada*
last month	*el mes pasado*
last summer	*el verano pasado*
last year	*el año pasado*
.... ago	*hace ......*

I was in New York **last week**.
Estuve en Nueva York la semana pasada.

They were here **five minutes ago**.
Ellos estaban aquí hace cinco minutos.

He is at work now but he was at home **before**.
Él está en el trabajo ahora pero estaba en casa antes.

¿Estas formas de pasado también son correctas en las expresiones "there was" y "there were"?

Sí. Ambas formas se usan para expresar el pasado de la forma impersonal "*hay*", es decir, equivalen a "*había*" y "*hubo*", y se usan en los mismos casos que "there is" y "there are" respectivamente.

There was a bus in front of the post office.
Había un autobús delante de la oficina de correos.

There were some papers on the table.
Había algunos papeles en la mesa.

There wasn't any water on the floor.
No había agua en el piso.

There weren't many people at the concert.
No hubo mucha gente en el concierto.

Was there a car near the sidewalk?
¿Había un auto cerca de la acera?

Were there any supermarkets in that area?
¿Había supermercados en esa zona?

EXERCISES

1. Completa los espacios con el pasado del verbo "to be".

a) Where .... you yesterday afternoon?

b) Beth .... in Miami.

c) They .... at school last week.

d) How .... your grandmother?

e) .... there any lamps in the house?

f) .... there a man at the door?

2. Completa con adverbios de tiempo para el pasado.

a) I was at home .... night.

b) Where were you two hours .... ?

c) Laura wasn't at work .... morning.

Key: 1.- a) were, b) was, c) were, d) was, e) Were, f) Was; 2.- a) last / yesterday, b) ago, c) yesterday.

Water leak at the factory

DIALOGUE

There is a water leak at the factory. Using his walkie-talkie the warehouse manager calls Jose Antonio, the maintenance custodian, to fix it.

Hay un escape de agua en la fábrica. Usando su walkie-talkie, el encargado del almacén llama a José Antonio, el encargado de mantenimiento, para que lo arregle.

WM: Jose Antonio! Can you hear me clearly?

WM: *¡José Antonio! ¿Puedes escucharme bien?*

Jose Antonio: What can I do for you, sir? I hear you loud and clear.

José Antonio: *¿Qué puedo hacer por usted, señor? Le escucho alto y claro.*

WM: We've got a huge water leak in the warehouse. A large pipe has burst and is spraying water everywhere. Do you think you can fix it?

WM: *Tenemos un enorme escape de agua en el almacén. Una gran tubería se ha reventado y está salpicando agua por todos lados. ¿Crees que puedes arreglarlo?*

Jose Antonio: Of course I can fix it. This isn't my first day on the job!

José Antonio: *Claro que puedo arreglarlo. ¡No soy nuevo en el trabajo!*

WM: Okay. Get over here as soon as possible! If you don't fix it quickly all of the stock from the past month will be ruined.

WM: De acuerdo. ¡Pásate por aquí tan pronto como sea posible! Si no lo arreglas rápido todo el material almacenado desde el mes pasado se estropeará.

Jose Antonio: Don't worry about that, boss. All I have to do is pick up my tools and then I can turn the water off. That way there will be no more damage than there already is.

José Antonio: *No se preocupe por eso, jefe. Todo lo que tengo que hacer es coger mis herramientas y entonces podré cerrar el agua. Así no habrá más daño del que ya hay.*

WM: Well, what are you waiting for? Get a move on and turn it off, and then get over here and fix this so we can get back to work.

WM: Bien, ¿y a qué estás esperando? Date prisa y ciérrala, y luego pásate por aquí y arregla esto para que podamos volver al trabajo.

Jose Antonio: I am already on the way as we speak!

José Antonio: *¡Ya estoy en camino mientras hablamos!*

VOCABULARY

maintenance	*mantenimiento*
maintenance custodian	*encargado del mantenimiento*
to do the cleaning	*hacer la limpieza*
to handle and store chemicals	*manejar y almacenar productos químicos*
to perform minor repairs	*llevar a cabo reparaciones menores*
to replace bulbs, switches, etc.	*sustituir bombillas, interruptores, etc.*
to report and repair damage	*informar y reparar daños*
to open and close buildings	*abrir y cerrar edificios*
to turn off lights	*apagar las luces*
to set alarm systems	*poner la alarma*
to remove trash	*eliminar la basura*

USEFUL EXPRESSIONS AT WORK

Since this property is very large, we have a maintenance golf cart to get around.

Como esta propiedad es muy grande, tenemos un carrito de golf de mantenimiento para desplazarnos.

My tool box has everything I need to fix minor problems.

Mi caja de herramientas tiene todo lo que necesito para arreglar problemas de poca importancia.

I had to replace the o-ring gasket on the plastic pipe to prevent more leakage.

Tuve que sustituir la junta tórica en la tubería de plástico para evitar más escape.

I smelled gas and I immediately knew there was something wrong. So, I turned off the main valve.

Olí a gas e inmediatamente sabía que algo iba mal. Entonces, cerré la válvula principal.

This is a temporary repair which will hold until the replacement part comes in.

Ésta es una reparación temporal que aguantará hasta que llegue la pieza de recambio.

He said I would need a Phillips screwdriver, but in fact I need a flat head screwdriver.

Dijo que yo necesitaría un destornillador de estrella, pero realmente necesito un destornillador plano.

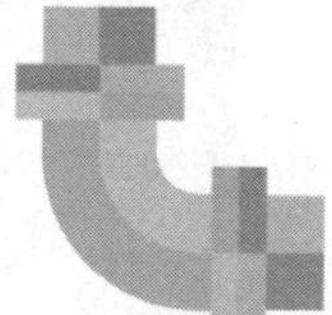

ENGLISH IN PRACTICE

Si quiero expresar de qué manera ocurrió una acción, ¿qué elementos he de utilizar?

Para ello has de usar los adverbios de modo. En resumen, responden a la pregunta *"¿Cómo?"*.

Muchos adverbios de modo se forman a partir de adjetivos, a los que se les añade la terminación "-**ly**", que suele equivaler a la terminación "*-mente*", pero algunos sufren alguna alteración.

a) La regla general es añadir "**-ly**" al adjetivo:

slow	*lento*	**slowly**	*lentamente*
quick	*rápido*	**quickly**	*rápidamente*
quiet	*tranquilo*	**quietly**	*tranquilamente*
careful	*cuidadoso*	**carefully**	*cuidadosamente*

The girl is sleeping **quietly**.
La muchacha está durmiendo tranquilamente.

b) Los adjetivos terminados en "-**y**" cambian la terminación por "-**ily**".

easy	*fácil*	**easily**	*fácilmente*
happy	*feliz*	**happily**	*felizmente*

I can learn these rules **easily**.
Puedo aprender estas reglas fácilmente.

c) Los adjetivos terminados en "-**le**" cambian la terminación por "-**ly**".

terrible	*terrible*	**terribly**	*terriblemente*
gentle	*suave*	**gently**	*suavemente*

I am **terribly** sorry. *Lo lamento mucho (terriblemente).*

d) Los adjetivos terminados en "-**ic**" cambian la terminación por "-**ically**".

automatic *automático* **automatically** *automáticamente*

This machine works **automatically**.
Esta máquina funciona automáticamente.

Algunos adverbios de modo tienen la misma forma que los adjetivos, como **"hard"** *(duramente)* o **"fast"** *(rápidamente)*.

They work **hard**. *Ellos trabajan duramente.*

El adverbio de modo relativo al adjetivo "good" *(buen, bueno)* es "**well**" *(bien)*.

He speaks English very **well**. *Él habla inglés muy bien.*

Los adverbios de modo se suelen colocar después del verbo:

She is eating **quickly**.
Ella está comiendo deprisa (rápidamente).

Pero si el verbo lleva complemento, el adverbio se coloca detrás de éste y nunca entre el verbo y el complemento:

She is eating the apple **quickly**.
Ella se está comiendo la manzana deprisa.

¿Cómo se expresa en inglés el verbo "nacer"?

Se expresa por medio del verbo **"to be born"**, que, obviamente, se usa habitualmente en pasado. De esta manera, sus formas más frecuentes son **"was born"** y **"were born"**, según el sujeto que las acompañe.

I **was born** in 1980.
Nací en 1980.

They **weren't born** in Brazil but in Chile.
Ellos no nacieron en Brasil sino en Chile.

Where **were** you **born**?
¿Dónde naciste?

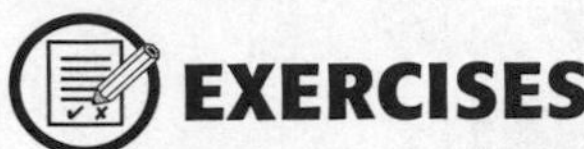

EXERCISES

1. Forma el adverbio de modo a partir de los adjetivos:

a) simple ....

b) natural ....

c) fast ....

d) good ....

e) bad ....

2. Completa con la forma correcta del verbo "to be born". Utiliza la forma afirmativa siempre que sea posible.

a) .... he .... in 1992?

b) I .... in Spain but in France.

c) Her grandmother .... in America.

d) Where .... they .... ?

e) You .... in 1976 but in 1977.

Key: x1.- a) simply, b) naturally, c) fast, d) well, e) badly; 2.- a) Was he born..., b) wasn't born, c) was born, d) were they born, e) weren't born.

I will deliver the laundry back clean and folded

DIALOGUE

Martin, the dry cleaner, picks up laundry at the mansion. He is now talking to Mrs. Howard about his family-owned business.

Martín, el señor de la lavandería, recoge la ropa para lavar de la mansión. Ahora está hablando con la Sra. Howard sobre su negocio familiar.

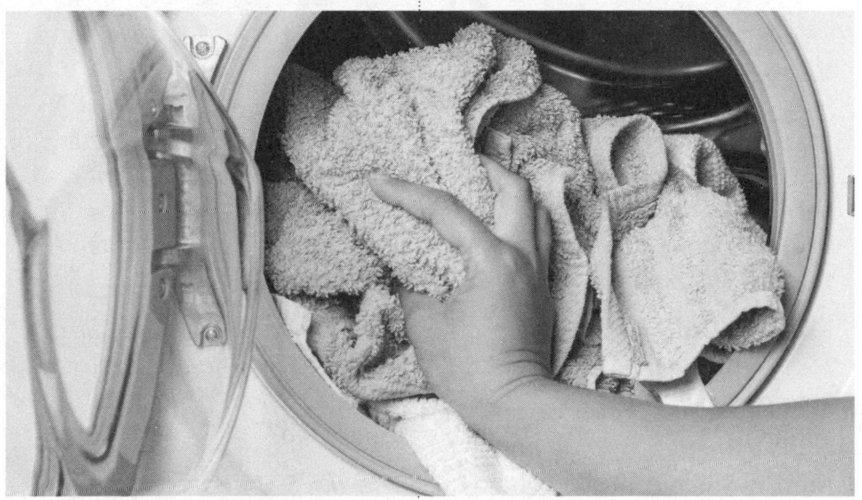

Martin: Very well, Mrs. Howard, I will deliver the laundry back in a week. What about the silk shirt you mentioned?

Martín: *Muy bien, Sra. Howard, le traeré la ropa de vuelta en una semana. ¿Qué le sucede a la camisa de seda que mencionó?*

Mrs. Howard: Yes, unfortunatly someone spilled some red wine on it during the party. I used a stain remover as soon as possible, but it is still visible. I am afraid it is impossible to remove these stains.

Mrs. Howard: *Sí, lamentablemente alguien derramó vino tinto sobre ella durante la fiesta. Utilicé un quitamanchas tan pronto como pude, pero todavía se ve. Me temo que es imposible eliminar estas manchas.*

Martin: Do not worry about it, Mrs. Howard. I know how to manage delicate fabrics. I will bring it back to you neatly pressed, just as if it was new.

Mrs. Howard: That's reassuring! By the way, did your daughter take over the company?

Martin: She did. My wife and I will retire next year. She has an enterprising spirit. She opened two new laundromats in West Hollywood last month.

Mrs. Howard: I am sure she will be successful. West Hollywood is a lovely neighborhood. We lived there for many years. Well, see you next week, Martin.

Martin: Have a good day, Mrs. Howard.

Martín: *No se preocupe por eso, Sra. Howard. Sé cómo tratar los tejidos delicados. Se la devolveré cuidadosamente planchada.*

Mrs. Howard: *Me tranquiliza. Por cierto, ¿se ha quedado su hija a cargo de la compañía?*

Martín: *Sí. Mi esposa y yo nos jubilaremos el año próximo. Ella tiene un espíritu emprendedor. Abrió dos lavanderías nuevas en West Hollywood el mes pasado.*

Mrs. Howard: *Estoy segura de que tendrá éxito. West Hollywood es un barrio encantador. Nosotros vivimos allí muchos años. Bueno, hasta la semana que viene, Martín.*

Martín: *Tenga un buen día, Sra. Howard.*

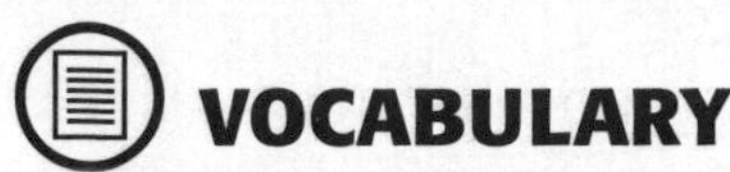

VOCABULARY

dry cleaners'	*lavandería / tintorería*
laundry	*lavandería / ropa sucia*
laundromat	*lavandería automática*
washing machine	*lavadora*
dryer	*secadora*
liquid detergent / powder detergent	*detergente líquido / en polvo*
softener	*suavizante*
basket	*cesto*
stain	*mancha*
stain remover	*quitamanchas*
fabric	*tejido*
silk	*seda*
wool	*lana*
cotton	*algodón*
iron / to iron	*plancha / planchar*
ironing board	*tabla de planchar*
dirty clothes	*ropa sucia*

USEFUL EXPRESSIONS AT WORK

We can pick up the laundry on Thursday and deliver it back on Monday.	*Podemos recoger la ropa sucia el jueves y entregarla el lunes.*
Delicate fabrics must be handled with extra care.	*Los tejidos delicados deben ser tratados con un cuidado especial.*
This coat has to be dry cleaned.	*Este abrigo ha de lavarse en seco.*
We have a service for hotels. We deliver clean and folded laudry within 24 hours.	*Tenemos un servicio para hoteles. Entregamos la ropa limpia y doblada en 24 horas.*
The iron is too hot and will burn the fabric.	*La plancha está demasiado caliente y quemará el tejido.*
This softener will give a fresh and lasting smell to your sheets.	*Este suavizante le dará un olor fresco y duradero a sus sábanas.*
We have a large ironing station for bigger pieces.	*Contamos con una gran máquina de planchado para las piezas más grandes.*

ENGLISH IN PRACTICE

¿Qué es un verbo regular y cómo se expresa en pasado?

Un verbo es regular cuando su pasado y su participio se forman añadiendo **"-ed"** al infinitivo del verbo.

En pasado, excepto el verbo "to be", todos los verbos tienen una única forma para todas las personas.

Para formar el pasado de un verbo regular:

a) La regla general es añadir "-ed" al infinitivo del verbo: **work-worked**.

I **worked** for that company.
Yo trabajé para esa compañía.

b) Si el infinitivo acaba en "e", sólo se añade "d": **live-lived**.

She **lived** in Nevada.
Ella vivió/vivía en Nevada.

c) Cuando el infinitivo acaba en "y":

Si la "y" tiene delante una vocal, se añade "ed": **play-played**.

They **played** basketball.
Ellos jugaron/jugaban al baloncesto.

Si la "y" tiene delante una consonante, cambia a "i" y se añade "ed": **study-studied**.

You **studied** for the test.
Ustedes estudiaron para el examen.

d) Si el infinitivo acaba en la serie de letras "consonante-vocal-consonante" y la última sílaba es la acentuada, antes de añadir "-ed" se dobla la última consonante: **plan-planned**.

I **planned** my vacations last month.
Planeé mis vacaciones el mes pasado.

e) Pero si el infinitivo acaba en "consonante-vocal-consonante" y la última sílaba no recibe el acento, sólo se añade "ed": **visit-visited**.

I **visited** the factory last week .
Visité la fábrica la semana pasada.

Para hacer frases negativas en pasado usamos el auxiliar **"did not (didn't)"**, que acompañará al **verbo en infinitivo** (no en pasado) para todas las personas:

She **didn't open** the window.
Ella no abrió la ventana.

Para realizar preguntas se utiliza **"did"** delante del sujeto y del **verbo en infinitivo** (no en pasado):

Did they **clean** their rooms? Yes, they did. / No, they didn't.
¿Limpiaron ellos sus habitaciones? Sí. / No.

¿Y cómo se forma el pasado de un verbo irregular?

Un verbo es irregular cuando su pasado, su participio, o ninguno de ellos, se forman añadiendo "ed" al infinitivo del verbo.

Son muchos los verbos que son irregulares en inglés y cada uno con un tipo de irregularidad, por lo que la única regla para aprenderlos será practicarlos y memorizarlos (ver Apéndice), pero en oraciones afirmativas, negativas y en preguntas se usan igual que los verbos regulares.

She **went** to Paris in November.
Ella fue a París en noviembre.

She **didn't go** to Paris in November.
Ella no fue a París en noviembre.

Did she **go** to Paris in November?
¿Fue ella a París en noviembre?

They **had** a lot of work to do.
Ellos tenían mucho trabajo que hacer.

They **didn't have** much work to do.
Ellos no tenían mucho trabajo que hacer.

What **did** they **have** to do?
¿Qué tenían que hacer?

EXERCISES

1. Completa las siguientes oraciones con la forma correcta del verbo indicado en pasado simple. Fíjate si se solicita la forma afirmativa, negativa o interrogativa. Consulta la lista de verbos irregulares en el apéndice en caso necesario.

a) They .... at 7:30 pm. (to arrive) (+)

b) .... you .... the newspaper? (to buy) (?)

c) We .... the exercises. (to do) (-)

d) When .... you .... the machine? (to stop) (?)

e) She .... as a waitress. (to work) (-)

Key: 1.- a) didn't arrive, b) Did you buy..., c) didn't do, d) did you stop, e) didn't work.

Can I take your luggage for you, sir?

DIALOGUE

Pedro, the hotel bellboy, brings the guests Sean and Elizabeth to their room and gives advice on what they can do around Cocoa Beach.

Pedro, el botones del hotel, lleva a los huéspedes Sean y Elizabeth a su habitación y les aconseja lo que pueden hacer en los alrededores de Cocoa Beach.

Pedro: Hi, my name is Pedro. Could I take your luggage please?

Pedro: *Hola, mi nombre es Pedro. ¿Puedo llevar su equipaje?*

Sean: Yes, thank you.

Sean: *Sí, gracias.*

Pedro: I will show you to your room. Let's take the elevator to the second floor.

Pedro: *Les llevaré a su habitación. Tomemos el ascensor al segundo piso.*

They arrive at the room.

Llegan a la habitación.

Pedro: Here is your room, suite 2A. Let's go inside. Where shall I put your luggage?

Pedro: *Aquí está su habitación, la suite 2A. Pasemos adentro. ¿Dónde dejo su equipaje?*

Sean: By the bed is fine.

Pedro: You will find the bathroom in the other room to the left. May I help you with anything else today?

Sean: Yes, actually. My wife and I are interested in adventure activities. Could you recommend any activity for us to do here?

Pedro: Sure, you can ride the waves if you like surfing.

Elizabeth: I can surf, but Sean can't.

Pedro: Okay, in that case you can enjoy a nature kayak tour. You'll see manatees, dolphins, and many species of birds while paddling through tropical mangroves.

Elizabeth: Sounds very nice. Yes, we'd love to do that. Let's unpack later and go get more information about these tours now.

Sean: Thank you, Pedro. Your help is much appreciated.

Sean: *Junto a la cama está bien.*

Pedro: *Encontrarán el baño en la otra habitación a la izquierda. ¿Puedo ayudarles con algo más hoy?*

Sean: *Sí, efectivamente. Mi esposa y yo estamos interesados en deportes de aventuras. ¿Puede recomendarnos alguna actividad para que hagamos aquí?*

Pedro: *Claro, pueden surcar las olas si les gusta surfear.*

Elizabeth: *Yo sé surfear, pero Sean no.*

Pedro: *De acuerdo, en ese caso pueden disfrutar de un tour natural en kayak. Verán manatías, delfines, y muchas species de aves mientras reman por manglares tropicales.*

Elizabeth: *Suena muy bien. Sí, nos encantaría hacer eso. Deshagamos las maletas luego y vayamos a informarnos más sobre estos tours ahora.*

Sean: *Gracias, Pedro. Te agradecemos mucho tu ayuda.*

VOCABULARY

bellboy / porter	*botones*
guest	*huésped*
tip	*propina*
uniform	*uniforme*
to welcome	*recibir (dar la bienvenida)*
to assist	*ayudar*
to carry luggage	*llevar el equipaje*
to give information	*dar información*
to run errands	*realizar mandados / recados*

USEFUL EXPRESSIONS AT WORK

I can show you to your room.	*Les puedo llevar a su habitación.*
Can I take your luggage for you, sir?	*¿Puedo llevarle el equipaje, señor?*
Would you like to follow me, please?	*¿Quiere seguirme, por favor?*
Thank you for the tip. A bellman's tip is good pocket money.	*Gracias por la propina. La propina de un botones es un buen dinero de bolsillo.*
Can I call a cab for your group?	*¿Puedo llamar a un taxi para su grupo?*
As we work in luxury hotels, a clean uniform gives a good impression.	*Como trabajamos en hoteles de lujo, un uniforme limpio da una buena impresión.*
Most bellman jobs are a combination of customer service, cleaning, maintenance and concierge activities.	*La mayoría de los puestos de botones son una combinación de actividades de servicio al cliente, limpieza, mantenimiento y conserjería.*

ENGLISH IN PRACTICE

¿Qué diferencia hay entre los adjetivos acabados en "ed" y en "ing"?
Los adjetivos que tienen una misma base, pero una terminación en "ed" o en "ing", se diferencian en que:
Se usan los terminados en **"-ed"** cuando éstos indican emociones o sentimientos. En español suelen aparecer tras el verbo *"estar"*.

bored	*aburrido*
worried	*preocupado*
interested	*interesado*
tired	*cansado*
surprised	*sorprendido*

She is **bored**.	*Ella está aburrida.*
I'm **interested** in history.	*Estoy interesado en la historia.*
My colleague is **worried**.	*Mi compañero está preocupado.*
Are you **tired**?	*¿Estás cansado?*

Se usan los adjetivos terminados en "-**ing**" cuando se indican o describen características de cosas, personas, situaciones, etc. En español suelen aparecer tras el verbo *"ser"*.

boring	*aburrido*
worrying	*preocupante*
interesting	*interesante*
tiring	*cansado*
surprising	*sorprendente*

This document is very **interesting**.
Este documento es muy interesante.

That issue is **worrying**.
Ese asunto es preocupante.

The journey was very **tiring**.
El viaje fue muy cansado.

Otros adjetivos con una estructura similar son:

annoyed	*enfadado*	**annoying**	*molesto*
embarrassed	*avergonzado*	**embarrassing**	*embarazoso*
frightened	*aterrado*	**frightening**	*aterrador*
excited	*emocionado*	**exciting**	*emocionante*
exhausted	*agotado*	**exhausting**	*agotador*

¿Para qué se usa el verbo modal "could"?

"Could" es un verbo modal, pasado simple del verbo **"can"**, y se usa para expresar:

Habilidad en el pasado:

I **could** read when I was five years old.
Yo sabía leer cuando tenía cinco años.

Posibilidad:

It **could** rain this evening. *Podría llover esta noche.*

Sugerencias:

You **could** help that customer. *Podrías ayudar a ese cliente.*

Peticiones:

Could you repeat that, please? *¿Podría repetir eso, por favor?*

El modo condicional:

They **could** go to the concert if they had the tickets.
Ellos podrían ir al concierto si tuvieran los boletos.

¿De qué formas puedo realizar una petición en inglés?

Habitualmente, para pedir o solicitar algo usamos los verbos "**can**" y "**could**".

"**Can**" se usará en una situación más informal y "**could**" en otra más formal.

Can I speak to Jane?
¿Puedo hablar con Jane?

Could you spell your name, please?
¿Podría deletrear su nombre, por favor?

Otra forma de expresar una petición formal es usando **"I would like to + infinitivo"** *(quisiera, me gustaría)*. En este caso no se realiza una pregunta, sino que se trata de una oración afirmativa. Esta expresión se suele utilizar de forma contraída: **"I'd like to + infinitivo"**.

I'd like to have a meeting with him.
Quisiera (me gustaría) tener una reunión con él.

¿Qué tipo de sugerencias podemos expresar usando "let's" y un infinitivo?

Para realizar una sugerencia donde quien la propone se incluye en la misma, se suele usar la estructura **"let's (let us) + infinitivo"**.

Let's buy a new car. *Compremos un auto nuevo.*
Let's book a double room. *Reservemos una habitación doble.*
Let's go to the museum. *Vayamos al museo.*

EXERCISES

1. Elige el adjetivo correcto para completar las siguientes frases.

a) That situation was .... (embarrassed, embarrasing).

b) I'm .... because the tennis match was .... (exhausted, exhausting).

c) That book is .... (bored, boring).

d) I have a .... job. I'm always .... (tired, tiring).

e) I'm.................... in getting a good job. (interested, interesting).

2. Ordena las palabras para formar frases.

a) swim she when she four was could.

....

b) come couldn't he home.

....

c) you could him phone please ?

....

d) her couldn't they see.

....

Key: 1.- a) embarrassing, b) exhausted, exhausting, c) boring, d) tiring, tired, e) interested; 2.- a) She could swim when she was four, b) He couldn't come home, c) Could you phone him, please?, d) They couldn't see her.

You must wear a white helmet

DIALOGUE

Rafael, the safety manager of the construction site, has called a meeting with the work crew.

Rafael, el encargado de seguridad de la obra, ha convocado una reunión con el equipo de trabajo.

Rafael: As you all know, this is a meeting to talk about our new safety helmets and vests. I know we haven't worn reflective vests in the past, but nowadays we are doing a lot more work in the early hours of the morning and late at night. Any questions about the vests?

Rafael: *Como saben todos, ésta es una reunion para hablar sobre nuestros nuevos cascos y chalecos de seguridad. Sé que no hemos llevado chalecos reflectores anteriormente, pero hoy en día estamos realizando más trabajo en las primeras horas de la mañana y tarde por la noche. ¿Alguna pregunta sobre los chalecos?*

Worker 1: Do we have to wear the vests during the day?

Obrero 1: *¿Tenemos que llevar los chalecos durante el día?*

Rafael: For safety purposes all workers now must wear the vests at all times, so yes, even during the day.

__Rafael:__ Por motivos de seguridad, todos los trabajadores ahora deben llevar los chalecos a todas horas, por lo tanto, sí, incluso durante el día.

Worker 2: Do we need to wear a particular color under the vests?

__Obrero 2:__ ¿Necesitamos llevar un color en particular bajo los chalecos?

Rafael: No, you do not have to wear a particular color, but you mustn't wear anything over the reflective vests. Next point, we also have new helmets. We are switching from blue to white helmets for higher visibility and safety.

__Rafael__: No, no tienen que llevar un color particular, pero no pueden llevar nada sobre los chalecos reflectores. Siguiente punto, también tenemos cascos nuevos. Vamos a cambiar los cascos azules por cascos blancos para tener mayor visibilidad y seguridad.

Worker 3: I used to work for another company that had white helmets. Can I use the one I had before?

__Obrero 3:__ Yo trabajaba para otra compañía que tenía cascos blancos. ¿Puedo usar el que tenía antes?

Rafael: The helmet must meet our safety standards, so if it does, you can use it. We will provide you with specifications about the helmets in a newsletter.

__Rafael:__ El casco debe cumplir nuestros estándares de seguridad, así que, si lo hace, puedes usarlo. Les facilitaremos especificaciones sobre los cascos en una hoja informativa.

VOCABULARY

safety	*seguridad*
safety manager	*encargado de seguridad*
risk	*riesgo*
risk prevention	*prevención de riesgos*
accident prevention	*prevención de accidentes*
hazard elimination	*eliminación de riesgo*
helmet	*casco*
reflective vest	*chaleco reflector*
hygiene	*higiene*
authorized person	*persona autorizada*
compliance	*cumplimiento*
to meet safety standards	*cumplir los estándares de seguridad*
hazardous materials	*materiales peligrosos*
employee	*empleado*
employer	*patrón*
witness	*testigo*
unsafe behavior	*conducta insegura / peligrosa*
workplace safety	*seguridad en el lugar de trabajo*

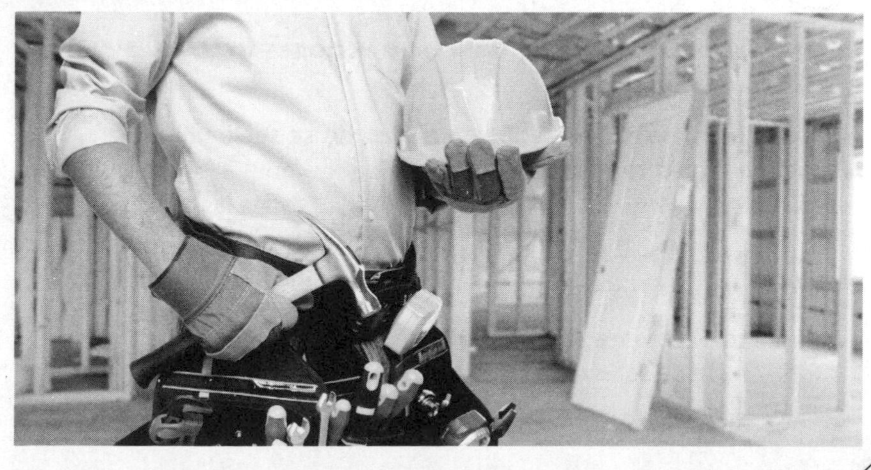

USEFUL EXPRESSIONS AT WORK

Safety managers are responsible for ensuring that a worker's safety is protected.	*Los encargados de seguridad son responsables de asegurar la protección de la seguridad de un trabajador.*
The safety rules must be placed visibly on site.	*Las normas de seguridad han de colocarse en un lugar visible.*
All safety codes must be met.	*Han de cumplirse todos los códigos de seguridad.*
The safety manager ensures a workplace free of accidents.	*El encargado de seguridad asegura un lugar de trabajo libre de accidentes.*
Not wearing a helmet is a violation of the safety code.	*No llevar puesto el casco es una violación del código de seguridad.*
All workers will be required to complete a mandatory safety course.	*Todos los trabajadores deberán realizar un curso de seguridad obligatorio.*

ENGLISH IN PRACTICE

¿Cómo se pueden expresar hábitos o acciones frecuentes que se realizaban en el pasado?

Para expresar hábitos y estados en el pasado se suele utilizar la estructura **"used to + infinitivo"**. Es el equivalente a *"solía, solías, etc. + infinitivo"*, y tiene una forma invariable para todas las personas.

They **used to** live in Los Angeles.
Ellos vivían en Los Ángeles.

Tom and Mike **used to** meet on Sundays.
Tom y Mike se solían reunir los domingos.

La forma negativa es **"didn't use to + infinitivo"**.

She **didn't use to** read that magazine.
Ella no solía leer esa revista.

We **didn't use to** go dancing.
No solíamos ir a bailar.

En preguntas usamos **"did + sujeto + use to + infinitivo?"**.

Did you **use to** go to bed late?
¿Solías acostarte tarde?

Did they **use to** visit their parents?
¿Solían ellos visitar a sus padres?

Si quiero indicar que se tiene obligación de realizar alguna cosa, ¿de qué maneras puedo expresarlo?

"Must" *(deber, tener que)* y **"have to"** *(tener que)* son verbos que expresan obligación.

A veces se pueden usar indistintamente, aunque existen ciertas diferencias entre ellos.

Ambos siempre preceden a un infinitivo.

"Must" se usa cuando el hablante tiene "autoridad" sobre el oyente y sólo se utiliza en presente. Como es un verbo modal, tiene una forma para todas las personas.

You **must** use your helmets.
Ustedes tienen que usar sus cascos. (El capataz a los obreros)

You **must** take this pill.
Usted debe tomar esta píldora. (El médico al paciente)

"Have to" se utiliza para comunicar una obligación, sin imponerla, y puede aparecer en pasado (had to), presente (have to) y futuro (will have to).

I **have to** do the shopping.
Tengo que hacer la compra.

He **has to** complete a safety course.
Él tiene que realizar un curso sobre seguridad.

En preguntas se usan de la siguiente manera:

Must you leave now? *¿Debes irte ahora?*

Do you **have to** leave now? *¿Tienes que irte ahora?*

En frases negativas estos verbos son muy diferentes, pues **"mustn't"** implica prohibición, es decir, no poder hacer algo, mientras que **"don't / doesn't have to"** implica falta de obligación, es decir, que algo no es necesario.

You **mustn't** smoke in this place.
No puede fumar en este lugar.

I **don't have to** get up early on Sundays.
No tengo que levantarme temprano los domingos.

EXERCISES

1. Ordena las palabras para formar oraciones.

a) to didn't we Japanese study use.

....

b) they to use did tennis play ?

....

c) used day cycling to she go every.

....

2. Completa las frases con "must" o "have to".

a) You .... eat that sandwich, daughter.

b) She .... make a phone call.

c) "You .... do that exercise", the teacher said.

d) .... they .... work?

Key: 1.- a) We didn't use to study Japanese, b) Did they use to play tennis?, c) She used to go cycling every day; 2.- a) must, b) has to, c) must, d) Did they have to.

Getting fit in Beverly Hills

DIALOGUE

Mrs. Howard wants to get in shape to fit in with a Beverly Hills image and has hired a personal trainer, Gabriel.

La Sra. Howard quiere ponerse en forma para hacerse con una imagen Beverly Hills y ha contratado a un entrenador personal, Gabriel.

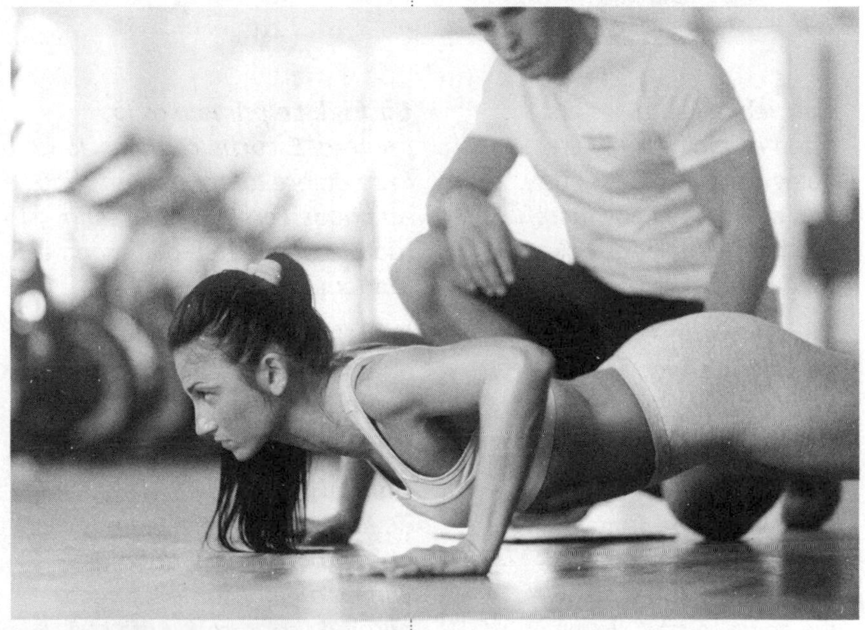

Mrs. Howard: Good afternoon, Gabriel. Thank you for coming here today to help me lose a few extra pounds.

Sra. Howard: *Buenas tardes, Gabriel. Gracias por venir hoy a ayudarme a perder estas libras de más.*

Gabriela: Don't worry about it. Thank you for hiring me. It is my job to help people get rid of those love handles and keep them off.

Gabriel: *No se preocupe. Gracias por contratarme. Mi trabajo es ayudar a la gente a librarse de esos rollitos y mantenerlos alejados.*

Mrs. Howard: Great, so, where do we start?

Sra. Howard: *Estupendo, entonces, ¿por dónde empezamos?*

Gabriela: First things first, listen carefully. If you are going to take this seriously, you mustn't eat any more fast food. A balanced diet is fundamental.

Mrs. Howard: Actually, I'm not a fast food lover, however I am going to do this with all my heart and soul.

Gabriela: Apart from eating healthy, we are going to work, work, and work! We are going to start slow, but steady, with a program of 30 minutes of cardiovascular exercises and 20 minutes of weights, four days a week. Before you know it, you'll be looking slim and fit!

Mrs. Howard: Well, that sounds like something I can do. When do we start?

Gabriela: Let's get started right away!

Gabriel: *Lo primero es lo primero. Escuche con atención. Si se quiere tomar esto en serio, no puede comer más comida rápida. Una dieta equilibrada es fundamental.*

Sra. Howard: *En realidad no soy amante de la comida rápida, sin embargo voy a tomarme esto con todo mi empeño.*

Gabriel: *Además de comer de forma saludable, ¡vamos a trabajar, trabajar y trabajar! Vamos a empezar lentamente pero de forma constante con un programa de 30 minutos de ejercicios cardiovasculares y 20 minutos de pesas, cuatro días a la semana. ¡Antes de que se dé cuenta, tendrá un aspecto más delgado y en forma!*

Sra. Howard: *Bueno, me da la sensación de que lo puedo hacer. ¿Cuándo comenzamos?*

Gabriel: *¡Comencemos ya!*

VOCABULARY

personal trainer	*entrenador personal*
to be fit / to be in shape	*estar en forma*
to get fit / to get in shape	*ponerse en forma*
to keep fit	*mantenerse en forma*
to lose weight	*perder peso*
to warm up	*calentar*
to work out	*entrenar*
workout session	*sesión de entrenamiento*
to lift weights	*levantar pesas*
to burn calories	*quemar calorías*
stationary bike	*bicicleta estática*
treadmill	*cinta para correr*
exercise machines	*máquinas de ejercicios*
proteins	*proteínas*
carbohydrates	*hidratos de carbono*
fats	*grasas*
vitamins	*vitaminas*
slim / thin	*delgado/a*
fat	*gordo / a*
chubby	*regordete*
overweight	*con sobrepeso*

USEFUL EXPRESSIONS AT WORK

As a beginner, you will get all sorts of little aches and pains here and there.	*Como principiante, tendrás todo tipo de molestias y dolores en todas partes.*
To recover from this workout you need to stretch, eat and rest.	*Para recuperarte de este entrenamiento necesitas estirar, comer y descansar.*
In every workout you should do more reps or lift more weight.	*En todos los entrenamientos deberías hacer más repeticiones o levantar más peso.*
The big changes start happening after three months of working out.	*Los grandes cambios empiezan a aparecer tras tres meses de entrenamiento.*
I didn't say you should stop. Keep going!	*No dije que pudieras parar. ¡Continúa!*
Doing squats you work abs, strengthen your legs, and burn fat.	*Haciendo sentadillas trabajas los abdominales, fortaleces tus piernas y quemas grasa.*

ENGLISH IN PRACTICE

¿Cuáles son los adverbios de lugar más frecuentes?

Los adverbios de lugar nos indican dónde tiene la acción que se indica en la oración. Entre los más frecuentes están:

over here	*por aquí*	**over there**	*por allí*
up, upstairs	*arriba*	**down, downstairs**	*abajo*
near, nearby	*cerca*	**far (away)**	*lejos*
out, outside	*fuera, afuera*	**in, inside**	*dentro, adentro*
in front	*delante*	**behind**	*detrás*
around	*alrededor*	**back**	*atrás*

The gym is **over there**. *El gimnasio está por allí.*

Maureen lives **downstairs**. *Maureen vive abajo.*

The park isn't **near here**. It's **far away**.
El parque no está cerca de aquí. Está lejos.

They are going **back** to work.
Están volviendo al trabajo.

I looked **around,** but I didn't see him.
Miré alrededor, pero no pude verlo.

¿De qué manera se pueden dar órdenes?

El imperativo es la estructura que usamos para dar órdenes o instrucciones. En inglés, el imperativo se expresa con el infinitivo del verbo.

Open the door! *¡Abre la puerta!*

Shut up! *¡Cállate!*

Sit down, please! *¡Siéntate, por favor!*

Listen carefully! *¡Escucha con atención!*

Cuando se quiera dar una orden o instrucción negativa, simplemente hay que añadir **"don't"** delante del infinitivo:

Don't worry! *¡No te preocupes!*

Don't do that! *¡No hagas eso!*

Be punctual. **Don't be** late. *Sé puntual. No llegues tarde.*

¿Cómo puedo decir que algo no se puede hacer, es decir, que está prohibido?

Existen diversas formas para expresar prohibición, algunas de las cuales hacen uso de verbos modales.

"Mustn't" o **"must not"** es la forma equivalente a *"no poder hacer algo"*.

You **mustn't** look directly at the sun.
No puedes mirar directamente al sol.

They **mustn't** be late for class.
Ellos no pueden llegar tarde a clase.

You **mustn't** drive drunk.
No puedes conducir bebido.

"Can't" es otro verbo que usamos en estos casos.

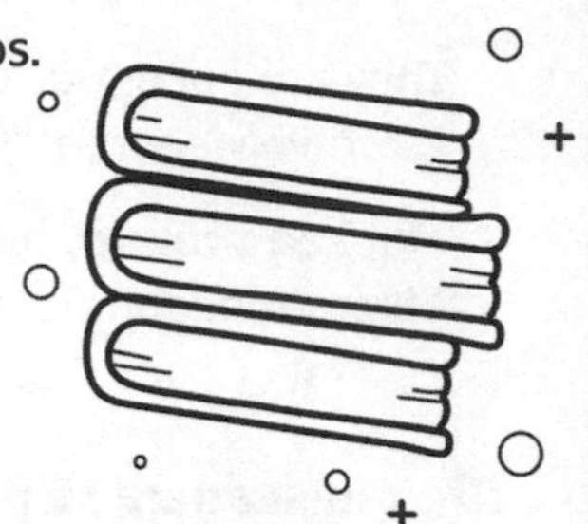

You **can't** smoke in this area.
No pueden fumar en esta zona.

You **can't** speak loud in a hospital.
No pueden hablar alto en un hospital.

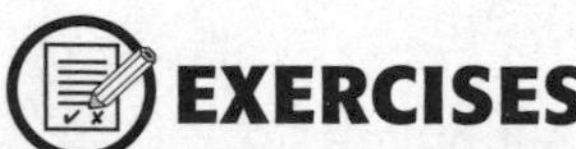

EXERCISES

1. Elige la opción correcta para completar las oraciones.

a) Close the door when you go ....

a) here

b) out

c) around

b) The temperaturas are going .... It's very cold.

a) up

b) back

c) down

2. Usa "mustn't" o "can't" para expresar prohibición.

a) park your car here. (you).

....

b) walk on the grass. (people)

....

c) drive without a license. (he)

....

Key: 1.- a) b, b) c; 2.- a) You mustn't/can't park your car here, b) People mustn't/can't walk on the grass, c) He mustn't/can't drive without a license.

How would you like your nails?

DIALOGUE

It is high season at the Dolphin Hotel & Beach Resort. Belkys, the manicurist, is welcoming back her seasonal customers.

Es temporada alta en el Dolphin Hotel & Beach Resort. Belkys, la manicurista, está dando la bienvenida a sus clientes estacionales.

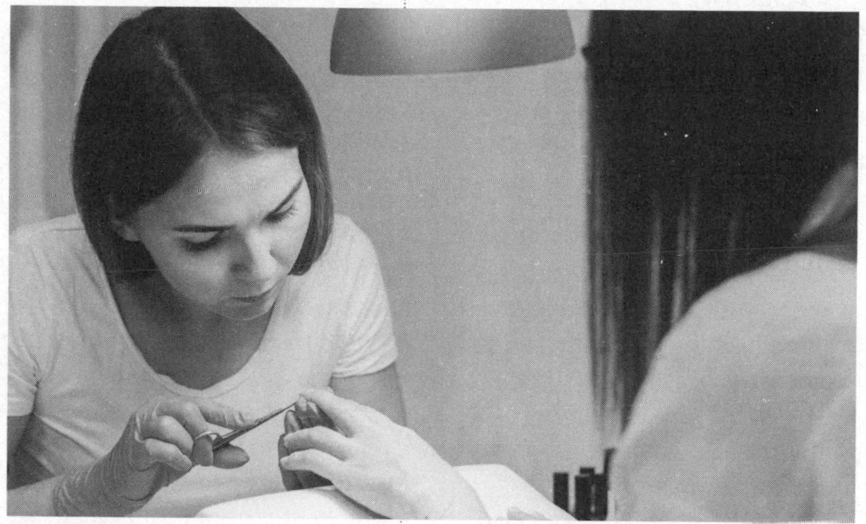

Belkys: Mrs. Moss, Mrs. Smith, it is such a pleasure to see you again this year. I was wondering when you would be back.

Mrs. Moss: We arrived yesterday night, when it was raining. It was really pouring!

Belkys: Mrs. Smith, do you want to have your manicure done first, while Mrs. Moss is having a hand massage?

Mrs. Smith: Certainly.

Belkys: *Sra. Moss, Sra. Smith, es un gran placer verles de nuevo este año. Me preguntaba cuándo volverían.*

Sra. Moss: *Llegamos anoche, cuando estaba lloviendo. ¡Estaba realmente diluviando!*

Belkys: *Sra. Smith, ¿quiere que se le haga la manicura primero, mientras la Sra. Moss tiene un masaje de manos?*

Sra. Smith: *Por supuesto.*

Mrs. Moss goes to another room with Belkys' colleague.

Mrs. Smith: Are gel nails available? I saw them in a magazine last week and they look great.

Belky : They are! A dark red color, as usual?

Mrs. Smith: I was thinking of something brighter. A turquoise blue maybe. Tell me, Belkys, what were you doing this morning? We came at 10:00 am and there was another manicurist, but there were also a lot of clients and we decided to come back in the afternoon.

Belkys: I was preparing some documents. When the season ends at the resort, I will open my own beauty salon in Cocoa Beach. So, while I am working here, I am also getting things ready for this big project.

Mrs. Smith: That's excellent! I wish you good luck. I am sure you will have many loyal customers.

La Sra. Moss va a otra habitación con la compañera de Belkys.

Sra. Smith: *¿Tienen uñas de gel? Las vi en una revista la semana pasada y quedan fantásticas.*

Belky : *¡Sí, tenemos! ¿Un color rojo oscuro, como de costumbre?*

Sra. Smith: *Estaba pensando en algo más vivo. Un azul turquesa, quizás. Dime, Belkys, ¿qué estuviste haciendo esta mañana? Vinimos a las 10:00 am y había otra manicurista, pero también había muchos clientes y decidimos volver por la tarde.*

Belkys: *Estuve preparando algunos documentos. Cuando acabe la temporada en el complejo turístico abriré mi propio salón de belleza en Cocoa Beach. Así, mientras estoy trabajando aquí, también estoy preparando las cosas para este gran proyecto.*

Sra. Smith: *¡Es estupendo! Te deseo buena suerte. Estoy segura de que tendrás muchos clientes fieles.*

manicurist	*manicurista*
nail polish	*esmalte o laca de uñas*
nail polish remover	*quitaesmalte*
cuticle	*cutícula*
cuticle remover	*quitacutículas / removedor de cutículas*
artificial nails	*uñas postizas*
nail clippers	*cortauñas*
nail file	*lima de uñas*
nail scissors	*tijeras de uñas*
tweezers	*pinzas*

USEFUL EXPRESSIONS AT WORK

In order to apply the new color, I need to remove your nail polish.	*Para aplicar el nuevo color, tengo que quitar su esmalte de uñas.*
We have nail polish in five different shades of red.	*Tenemos esmalte de uñas en cinco tonos de rojo diferentes.*
I will use a cuticle pusher and some moisturizing oil to hydrate your cuticles.	*Usaré un removedor de cutículas y aceite hidratante para hidratar sus cutículas.*
A French manicure will leave your hands looking neat and natural.	*Una manicura francesa le dejará las manos pulcras y naturales.*
Many different designs of artificial nails are available.	*Se dispone de muchos diseños diferentes de uñas postizas.*
Gel nails will look more natural and will last a lot longer.	*Las uñas de gel parecerán más naturales y durarán mucho más.*

ENGLISH IN PRACTICE

¿En qué situaciones usamos el pasado continuo?

El **pasado continuo** es el tiempo que se utiliza cuando queremos expresar acciones que ocurrieron en el pasado, pero enfatizamos que tuvieron cierta duración. También lo usamos para indicar aquello que estaba ocurriendo en un momento determinado del pasado.

El pasado continuo se forma con el pasado simple del verbo "to be" (**was/were**) y el **gerundio** del verbo que usemos.

La forma afirmativa es:

In 2002 I **was living** in London.
En 2002 yo estaba viviendo en Londres.

She **was reading** a magazine.
Ella estaba leyendo una revista.

They **were cleaning** their apartment.
Ellos estuvieron limpiando su apartamento.

En frases negativas se usan **"was not / wasn't"** y **"were not / weren't"**:

He **wasn't dancing** at the party.
Él no estuvo bailando en la fiesta.

I **wasn't waiting** for you.
Yo no estaba esperándote.

We **weren't arguing**.
No estábamos discutiendo.

En preguntas, "was" y "were" invierten el orden con el sujeto.

What **were** you **doing**?
¿Qué estabas haciendo?

Was he **working** in the garden?
¿Estaba él trabajando en el jardín?

El pasado continuo también se usa para describir lo que estaba ocurriendo en un momento determinado del pasado.

She **was working** in the morning.
Ella estuvo trabajando por la mañana.

At seven o'clock they **were sleeping**.
A las siete en punto ellos estaban durmiendo.

Recuerda que puedes encontrar oraciones donde aparezcan tanto el pasado simple como el continuo, o dichos tiempos varias veces. En estos casos, habitualmente usaremos **"when"** *(cuando)* delante del pasado simple, o bien **"while"** *(mientras)* delante del pasado continuo.

I opened the door **when** the bell rang.
Abrí la puerta cuando sonó el timbre.

She was reading a book **while** her children were playing.
Ella estaba leyendo un libro mientras sus hijos estaban jugando.

The telephone rang **while** I was cutting her nails.
El teléfono sonó mientras yo estaba cortándole las uñas.

EXERCISES

1. Completa los espacios con el pasado continuo de los siguientes verbos: play, work, study, read, cross, do.

a) Tom .... hard on the weekend.

b) She .... English last week.

c) Those pedestrians .... the street.

d) The children .... soccer yesterday.

e) What .... you .... yesterday at 3 o'clock?

f) .... you .... the news on the internet?

2.- Completa las siguientes oraciones con "when" o "while".

a) She was taking a shower .... the door opened.

b) .... Mary was having dinner, John was sleeping.

c) .... we bought that house, they were building it.

d) I was looking at them .... they were dancing.

e) He was surfing the internet .... he saw that photo.

3. Completa los espacios con los verbos en pasado simple o continuo.

a) What .... you .... (do) yesterday at seven?

b) He .... (can) not sleep because the baby .... (cry).

c) I .... (speak) to John when I .... (get) a text message.

Key: 1.- a) was working, b) was studying, c) were crossing, d) were playing, e) were you doing, f) were you reading; 2.- a) when, b) while, c) when, d) while, e) when; 3.- a) did you do, b) couldn't / was crying, c) was speaking / got

An important letter has arrived

DIALOGUE

Tim, the receptionist, greets a messenger, Alejandro, who has an important letter for someone at the factory.

Tim, el recepcionista, saluda a un mensajero, Alejandro, que tiene una carta importante para alguien de la fábrica.

Tim: Hello, sir. How may I help you?

Tim: *Hola, señor. ¿En qué le puedo ayudar?*

Alejandro: Hi, I have a very important letter for someone at the factory. It has traveled by boat, by train, by plane, and now by van to get here all the way from China.

Alejandro: *Hola. Tengo una carta muy importante para alguien de la fábrica. Ha viajado en barco, en tren, en avión y ahora en furgoneta, para llegar aquí desde China.*

Tim: Who could it be for?

Tim: *¿Para quién puede ser?*

Alejandro: The letter arrived by first-class mail an hour ago to our main office and I came with it here as soon as I could. It is addressed to a Mr. Brown.

Tim: Mr. Brown, that's the general manager!

Tim calls Mr. Brown, and Mr. Brown comes to sign for the letter.

Alejandro: Hello, Mr. Brown. May I see your ID please? Also, sign and date that you have received the letter.

Mr. Brown: Okay, who could it be from? And, what could it be about?

Alejandro: It is from Mr. Hong, from Beijing Plastics.

Mr. Brown: Then this is wonderful news. This is the big contract that I've been waiting for. Thank you so much.

***Alejandro:** La carta llegó por correo preferente hace una hora a nuestra oficina principal y vine con ella tan pronto como pude. Va dirigida a un tal Sr. Brown.*

***Tim:** El Sr. Brown es el director general.*

Tim llama al Sr. Brown y éste se acerca para firmar la recepción de la carta.

***Alejandro:** Hola, Sr. Brown. ¿Puedo ver su identificación? Además, feche y firme que ha recibido la carta.*

***Mr. Brown:** De acuerdo. ¿De quién puede ser? ¿Y sobre qué?*

***Alejandro:** Es del Sr. Hong, de Beijing Plastics.*

***Mr. Brown:** Entonces son maravillosas noticias. Este es el gran contrato que he estado esperando. Muchas gracias.*

VOCABULARY

messenger / courier	*mensajero*
message	*mensaje*
motorcycle messenger	*mensajero en motocicleta*
cash on delivery	*entrega contra reembolso*
invoice	*factura*
confirmation number	*número de confirmación*
depot	*depósito / almacén*
to pick up	*recoger*
to deliver	*repartir / entregar*
delivery	*entrega*
signature	*firma*
date	*fecha*

USEFUL EXPRESSIONS AT WORK

Since there wasn't the correct amount of postage, the letter was returned to its sender.	*Como no tenía el franqueo correcto, la carta se devolvió al remitente.*
This letter was sent by first-class mail.	*Esta carta fue enviada por correo preferente.*
Please, sign and date here, sir.	*Por favor, la firma y la fecha aquí, señor.*
The shipping price depends on the weight and how fast you would like the package to arrive to its destination.	*El precio del envío depende del peso y la rapidez con que se quiera que llegue el paquete a su destino.*
Our company always uses packing peanuts to protect fragile items.	*Nuestra empresa siempre usa bolas de espuma seca para proteger artículos frágiles.*
The delivery date was clearly marked on the envelope.	*La fecha de entrega estaba claramente señalada en el sobre.*

ENGLISH IN PRACTICE

¿Qué preposiciones podemos usar para expresar movimiento?

Para indicar movimiento hacia algún lugar, habitualmente se usa un verbo que implique movimiento y una de las preposiciones que se muestran a continuación.

across	*a través de (a lo ancho)*
along	*a lo largo (de), por*
back (from)	*de vuelta (de)*
down	*abajo, hacia abajo*
up	*arriba, hacia arriba*
up to	*hasta*
into	*dentro, adentro*
out of	*fuera de, afuera*
from	*de, desde*
past	*(pasar) por delante de*
to	*a, hacia*
around	*alrededor de*
through	*a través de (a lo largo)*

She never **goes back** home late.
Ella nunca vuelve a casa tarde.

The train **went through** a tunnel.
El tren pasó por un túnel.

I **came across** the hall to go out.
Crucé la sala para salir.

She's **coming from** work.
Ella está volviendo del trabajo.

On Sunday afternoons I **walk around** the park.
Los domingos por la tarde paseo por el parque.

We always **drive to** work.
Siempre vamos en carro al trabajo.

I **drove past** the station this morning.
Esta mañana pasé (en auto) por la estación.

She **ran out of** the hotel to take a taxi.
Ella salió corriendo del hotel para tomar un taxi.

I **traveled from** India **to** China by train.
Viajé desde India a China en tren.

Con el verbo **"to arrive"** *(llegar)* no se usa la preposición "to", sino **"in"** o **"at"**.

arrive in *llegar a una ciudad, a un país.*

arrive at *llegar a un lugar pequeño, un edificio, un aeropuerto, etc.*

I **arrived in** Bogota very late. *Llegué a Bogotá muy tarde.*

We **arrived at** the theater. *Llegamos al teatro.*

Aunque también podemos usar **"get to"** *(llegar a)*.

What time did you **get to** the museum?
¿A qué hora llegaste al museo?

La palabra **"home"** *(casa)* aparece casi siempre sin ninguna preposición de movimiento.

I want to **go home**.
Quiero irme a casa.

She **came home** after work.
Ella vino a casa después del trabajo.

Recuerda que al referirnos a **los medios de transporte** que utilizamos, hemos de usar la preposición **"by"**.

I go downtown **by bus**.
Voy al centro de la ciudad en autobús.

They often travel **by train**.
Ellos a menudo viajan en tren.

Pero se usa **"on"** en el caso **"on foot"** (*a pie*).

Mrs. O'Hara never goes to school **on foot**.
La Sra. O'Hara nunca va a la escuela a pie.

¿Por qué se usan algunas preposiciones al final de ciertas preguntas?

Algunas preguntas acaban en una preposición porque en inglés éstas no se pueden colocar delante de los pronombres interrogativos (what, where, who, etc.), como ocurre en español, y en dichos casos se colocan al final.

Where are you **from**?	*¿De dónde eres?*
Who do you live **with**?	*¿Con quién vives?*
Who is this gift **for**?	*¿Para quién es este regalo?*
What are you thinking **about**?	*¿En qué estás pensando?*

EXERCISES

1. Completa las frases con las preposiciones correspondientes.

a) She arrived .... the station at 5:00. (to, in, at)

b) When does he come .... ? (along, to, back)

c) I went .... the shop. (back, up, past)

d) They were traveling .... the world. (around, down, to)

2. Completa las preguntas con la preposición correspondiente: like, with, about, from, in.

a) What is he worried ....?

b) Which car is the package ....?

c) Who are you sharing your apartment ....?

d) Where did she come ....?

e) Who does your brother look ....?

Key: 1.- a) at, b) back, c) past, d) around; 2.- a) about, b) in, c) with, d) from, e) like.

Planting a new orange tree

DIALOGUE

Mrs. Howard wants to plant a new orange tree. She goes to the backyard to find Jose, the gardener, to discuss this.

La Sra. Howard desea plantar un nuevo naranjo. Se dirige al jardín trasero para encontrarse con José, el jardinero, para tratar este tema.

Mrs. Howard: Good morning, Jose. How are you today?

Jose: I am excellent, thank you. And you, ma'am?

Mrs. Howard: I am well. I want to talk to you about planting a new Spanish orange tree in the garden.

Jose: Although I need to finish trimming the hedges right now, you are the boss. I am all ears.

Sra. Howard: *Buenos días, José. ¿Cómo estás hoy?*

José: *Muy bien, gracias. ¿Y usted, señora?*

Sra. Howard: *Estoy bien. Quiero hablar contigo acerca de plantar un nuevo naranjo español en el jardín.*

José: *Aunque necesito terminar de podar los setos ahora, usted es la jefa. Soy todo oídos.*

Mrs. Howard: I think a new orange tree would give us shade and be beautiful in the garden. However, I am not sure. An orange tree or a magnolia tree? What do you recommend?

Jose: Well, a Spanish orange tree is as beautiful as a magnolia tree. Then, we could plant it beside the house so that it receives plenty of sun and at the same time does not shade the rose bushes.

Mrs. Howard: Okay, that is an excellent idea. Please, prepare everything and order the sapling as soon as possible.

Jose: No problem, ma'am. I will order it today but I don't know when it will arrive. Once it gets here, it will only be a question of grafting the tree since it is foreign, and some sun and water.

Mrs. Howard: Thank you very much, Jose. Let me know when it comes in.

Sra. Howard: *Creo que un nuevo naranjo nos daría sombra y quedaría hermoso en el jardín. Sin embargo, no estoy segura. ¿Un naranjo o un magnolio? ¿Qué recomiendas?*

José: *Bueno, un naranjo español es tan bonito como un magnolio. Entonces, podríamos plantarlo al lado de la casa para que reciba mucho sol, y a la vez no dé sombra a los rosales.*

Sra. Howard: *De acuerdo, es una idea excelente. Por favor, prepara todo y pide el retoño tan pronto como sea posible.*

José: *No hay problema, señora. Lo solicitaré hoy, pero no sé cuándo llegará. Una vez que llegue solo será cuestión de injertar el árbol, puesto que viene del extranjero, y algo de sol y agua.*

Sra. Howard: *Muchas gracias, José. Avísame cuando llegue.*

garden	*jardín*
gardener	*jardinero*
backyard	*jardín trasero*
plant	*planta*
flower	*flor*
sapling	*retoño*
bush	*arbusto*
tree	*árbol*
hedge	*seto*
soil	*tierra*
fertilizer	*abono / fertilizante*
seed	*semilla*
pot	*macetero*
rake	*rastrillo*
shovel	*pala*
hose	*manguera*
watering can	*regadera*
to water	*regar*
to trim	*recortar / podar*
to prune	*podar*
to spray	*rociar*
to dig	*cavar*
to graft	*injertar*

USEFUL EXPRESSIONS AT WORK

I need to finish trimming the hedges.	*Tengo que terminar de recortar los setos.*
Rose bushes are pruned to insure healthy growth.	*Los rosales se podan para asegurar un crecimiento sano.*
Don't forget to prime the carburator before trying to start the lawnmower.	*No olvides preparar el carburador antes de intentar prender la podadora de césped.*
The timer for the sprinkler system is set to water the grass in the morning and in the evening.	*El temporizador para el sistema de riego por aspersión está programado para regar la grama por la mañana y por la tarde.*
If you don't graft the tree, it will not adapt to this soil.	*Si no injertas el árbol, no se adaptará a este suelo.*
It is better to buy and plant a sapling, as it would take years to see results sowing seeds yourself.	*Es mejor comprar y plantar un retoño, pues se tardarían años en ver resultados si siembras tú las semillas.*

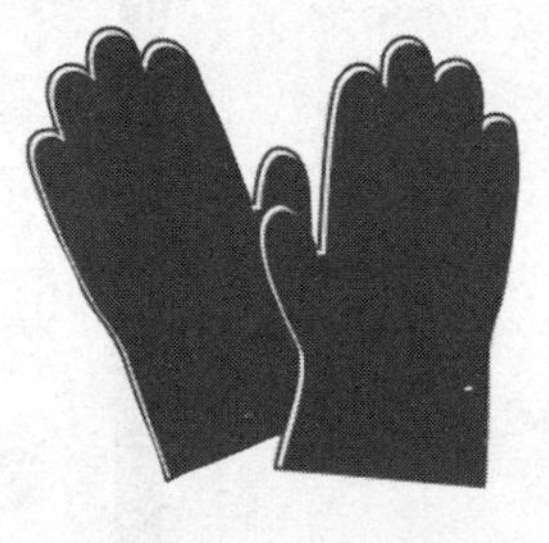

¿Qué términos puedo usar para expresar cierto tipo de contraste entre distintos elementos en una frase?

En inglés hay varias formas de expresar contraste. En esta ocasión nos ocuparemos de **"but"** *(pero, sino)*, **"however"** *(sin embargo)* y **"although"** *(aunque)*.

"But" y **"however"** contrastan con la idea y/o la oración precedente.

I don't speak French, **but** English.
No hablo francés, sino inglés.

It is late, **but** I still have a lot of things to do.
Es tarde, pero tengo aún muchas cosas que hacer.

The concert was short. **However**, it was very good.
El concierto fue corto. Sin embargo, fue muy bueno.

"**Although**" introduce una frase que contrasta con una anterior o posterior a ella.

Although it rained a lot, we enjoyed our vacation.
Aunque llovió mucho, disfrutamos de nuestras vacaciones.

We got up early, **although** we didn't have anything to do.
Nos levantamos temprano, aunque no teníamos nada que hacer.

¿Cómo se pueden comparar dos elementos con características similares?

Para ello haremos uso del comparativo de igualdad, que se forma de la siguiente manera:

as + adjective + as *tan + adjetivo + como*

I am **as tall as** you.
Soy tan alto como tú.

He is **as intelligent as** his sister.
Él es tan inteligente como su hermana.

The orange tree isn't **as big as** the apple tree.
El naranjo no es tan grande como el manzano.

EXERCISES

1. Completa las frases con "but", "however" o "although".

a) Jim isn't tall .... short.

b) There was an empty room. ...., we couldn't use it.

c) .... he doesn't like animals, he has a cat.

d) That job wasn't very interesting. ...., the pay was good.

e) There was a "Stop" sign, ... she didn't stop her car.

2. Usa el comparativo de igualdad para completar las siguientes oraciones.

a) Today it's .... yesterday. (not / sunny)

b) That plant is .... these rose bushes. (dry)

c) The gardener is .... the butler. (young)

d) My car is .... yours. (not / expensive)

e) Barbara is .... Vera. (optimistic)

Key: 1.- a) but; b) However; c) Although; d) However; e) but/although/however.
2.- a) not as sunny as, b) as dry as, c) as young as, d) not as expensive as, e) as optimistic as.

What about this new hairstyle?

DIALOGUE

Lorena, who works as a hairdresser at the resort, receives a client who wants to have a new look for an important event.

Lorena, que trabaja como peluquera en el complejo turístico, recibe a una clienta que quiere un aspecto diferente para un acontecimiento importante.

Customer: Hello, I am attending an important event tomorrow. Is it possible to make an appointment to get my hair done?

Clienta: *Hola. Mañana asistiré a un acontecimiento importante. ¿Es posible pedir una cita para arreglarme el cabello?*

Lorena: Of course! What kind of hairstyle do you have in mind?

Lorena: *¡Por supuesto! ¿Qué tipo de peinado tiene en la mente?*

Customer: Maybe a simple bun will be enough.

Clienta: *Quizás un simple moño será suficiente.*

Lorena: Yes, buns are really elegant. We can add braids around the bun. It will look cuter and very trendy. Are you thinking about getting some highlights too?

Customer: Well, I don't know, maybe, but isn't it a lot more expensive? I'm on a tight budget.

Lorena: It is part of a promotion for resort guests. There is a special offer and it is cheaper than usual. It includes shampoo, highlights and hairstyling. It will take about two hours. Could you come at 10:00 am tomorrow?

Customer: Could it be closer to noon?

Lorena: Sure, what about 11:30 am?

Customer: That would be perfect. See you tomorrow then.

Lorena: *Sí, los moños son realmente elegantes. Podemos añadir trenzas alrededor del moño. Quedará más lindo y muy moderno. ¿Piensa en ponerse unos reflejos también?*

Clienta: *Bueno, no sé, quizás, ¿pero no es mucho más caro? Tengo un presupuesto ajustado.*

Lorena: *Es parte de una promoción para los huéspedes del complejo turístico. Hay una oferta especial y es más barato de lo habitual. Incluye lavado de cabello, reflejos y el peinado. Tomará unas dos horas. ¿Podría venir mañana a las 10:00 am?*

Clienta: *¿Podría ser más cerca del mediodía?*

Lorena: *Por supuesto, ¿qué tal a las 11:30 am?*

Clienta: *Sería perfecto. Hasta mañana entonces.*

VOCABULARY

hair	*pelo, cabello*
hairdresser	*peluquero/a*
hairdresser's / hair salon	*peluquería*
haircut	*corte de cabello*
hairstyle	*peinado*
hair color	*tinte / color para el cabello*
straight hair	*cabello liso*
curly hair	*cabello rizado*
wavy hair	*cabello ondulado*
dark hair	*cabello moreno*
blond hair	*cabello rubio*
bangs	*flequillo*
pony tail	*coleta*
bun	*moño*
to get one's hair trimmed	*cortarse las puntas*
to get one's hair straightened	*alisarse el cabello*
to get one's hair colored	*teñirse el cabello*
to get a haircut	*cortarse el cabello*
to get a perm	*hacerse una permanente*
scissors	*tijeras*
hairdryer	*secador*
comb / to comb	*peine / peinar*
brush / to brush	*cepillo / cepillar*

USEFUL EXPRESSIONS AT WORK

Please let me know if the water is too hot or too cold.	*Por favor, dígame si el agua está demasiado caliente o demasiado fría.*
I will use a volumizing conditioner. It gives great results for your type of hair.	*Utilizaré un acondicionador que realza el volumen. Da grandes resultados para su tipo de cabello.*
Would you like to get your hair permed?	*¿Quiere hacerse la permanente?*
I can use a lighter blonde to color your hair.	*Puedo usar un rubio más claro para teñirle el cabello.*
I just have to blow dry your hair and we are done.	*Solo tengo que pasarle el secador a su cabello y hemos acabado.*
How much would you like me to cut?	*¿Cuánto quiere que le corte?*
Would you like your hair trimmed?	*¿Quiere que le corte las puntas?*

ENGLISH IN PRACTICE

Para indicar que las características de un objeto o persona son superiores a las de otro, ¿qué tipo de comparativo usamos?

En estos casos usamos los comparativos de superioridad. En inglés, el comparativo de superioridad se forma de distintas maneras, dependiendo de la cantidad de sílabas de que tenga el adjetivo que usamos en la comparación. Así:

Cuando el adjetivo tiene una sílaba se añade "**-er**" a dicho adjetivo:

young	*joven*	**younger**	*más joven*
big	*grande*	**bigger**	*más grande*

He is **younger than** me.
Él es más joven que yo.

Cuando el adjetivo tiene tres sílabas o más se usa **"more"** delante del adjetivo:

comfortable	*cómodo*	**more comfortable**	*más cómodo*
difficult	*difícil*	**more difficult**	*más difícil*

The couch is **more comfortable** than the chair.
El sofá es más cómodo que la silla.

Cuando el adjetivo tiene dos sílabas:

a) Si acaba en **"–y"**, **"-ow"**, **"-le"** o **"-er"**, forma el comparativo como los adjetivos de una sílaba: **adjetivo + er + (than).**

Maggie is **happier than** her sister.
Maggie está más contenta que su hermana.

b) Si acaba de cualquier otra manera, forma el comparativo de superioridad como los adjetivos de tres o más sílabas: **more + adjective + (than)**.

Is there anything **more boring than** doing nothing?
¿Hay algo más aburrido que no hacer nada?

Pero algunos adjetivos no siguen estas reglas y forman el comparativo de superioridad de manera irregular. Entre ellos están:

good	*bueno*	------	**better**	*mejor*
bad	*malo*	------	**worse**	*peor*
far	*lejos*	------	**farther, further**	*más lejos*

Your situation is **worse than** ours.
Su situación es peor que la nuestra.

Now I have a **better** job.
Ahora tengo un trabajo mejor.

¿En qué casos podemos usar los adverbios "too" y "enough"?

"Too" se utiliza siempre **delante de adjetivos o adverbios** y equivale a "*demasiado*".

It is **too late** to go out.
Es demasiado tarde para salir.

"**Enough**" se usa siempre **detrás de un adjetivo o adverbio** y equivale a *"lo suficientemente"*.

He is **tall enough** to play basketball.
Es lo suficientemente alto para jugar al baloncesto.

También podemos usar **"too much"** *(demasiado/a)* con nombres incontables y **"too many"** *(demasiados/as)* con nombres contables. Pero **"enough"** también se puede usar delante de sustantivos, equivaliendo a *"suficiente"*.

I don't have **too much** free time.
No tengo demasiado tiempo libre.

There are **too many** cars on the street.
Hay demasiados autos en la calle.

She doesn't have **enough** money.
Ella no tiene suficiente dinero.

EXERCISES

1. Usa el comparativo de superioridad y la palabra entre paréntesis.

a) This exercise is .... than the other one. (easy)

b) I feel .... than yesterday. (badly)

c) Her hair is .... than yours. (long)

d) We are ....than them. (hardworking)

2. Completa con "too" o "enough" y la palabra entre paréntesis.

a) You aren't .... (old) to drive.

b) The garden isn't .... (big) to play soccer.

c) This suitcase is .... (heavy). I can't carry it.

d) The computer is .... (slow).

Key: 1.- a) easier, b) worse, c) longer, d) more hardworking; 2.- a) old enough, b) big enough, c) too heavy, d) too slow.

This wall needs a second coat of paint

DIALOGUE

Jorge, a painter at the construction site, tells his coworker Greg that brushes and rollers always seem to go missing.

Jorge, un pintor de la obra, le dice a su compañero Greg que las brochas y los rodillos parece que siempre desaparecen.

Jorge: I find it strange that we've lost four of our brushes already.

Greg: Yes, we always place them in the same spot after finishing and they disappear.

Jorge: I think it's possible that someone might be moving our equipment when we are not looking.

Greg: You don't think someone is doing it intentionally, do you?

***Jorge**: Veo extraño que ya hayamos perdido cuatro de nuestras brochas.*

***Greg**: Sí, siempre las ponemos en el mismo sitio cuando acabamos y desaparecen.*

***Jorge:** Creo que es posible que alguien pueda estar moviendo nuestro equipo cuando no estamos mirando.*

***Greg**: No piensas que alguien lo está haciendo intencionadamente, ¿verdad?*

Jorge: It may not be intentionally, but it could delay our work. We still have to apply a second coat of paint in the bedrooms.

Greg: The walls of the hallways are nearly dry, aren't they?

Jorge: Yes, so we can begin to move downstairs to paint the living room.

Greg: We may need the long-handled paint rollers. The living room walls are rather high.

Jorge: Right. So we can put the first coat on the walls downstairs, and then we can come back up to put a second coat on the bedrooms.

Greg: First, I will have to clean some brushes with acetone. I can meet you downstairs when I'm finished.

Jorge: Sure, I'll see you there.

Jorge: *Puede que no sea intencionadamente, pero eso podría retrasarnos el trabajo. Todavía tenemos que aplicar una segunda capa de pintura en los dormitorios.*

Greg*: Las paredes de los pasillos están casi secas, ¿verdad?*

Jorge: *Sí, así que podemos empezar a trasladarnos abajo para pintar el salón.*

Greg*: Puede que necesitemos los rodillos de mango largo. Las paredes del salón son bastante altas.*

Jorge*: Bien. Podemos dar la primera capa en las paredes de abajo, y luego podemos volver arriba a dar una segunda capa en los dormitorios.*

Greg: *Primero tendré que limpiar algunas brochas con acetona. Te puedo ver abajo cuando haya acabado.*

Jorge: *Claro, nos vemos allí.*

VOCABULARY

painter	*pintor/a*
paint	*pintura*
paint can	*lata o bote de pintura*
varnish	*barniz*
layer / coat	*capa*
undercoat / primer	*primera capa o mano*
matte paint	*pintura mate*
gloss paint	*pintura brillante*
brush / paintbrush	*brocha*
roller	*rodillo*
paint pan	*cubeta*
color chart	*carta de colores*
paint spray	*pistola de pintura*
paint stripper	*decapante*
paint thinner	*disolvente*
wet	*húmedo*
dry	*seco*
ladder	*escalera*

USEFUL EXPRESSIONS AT WORK

We need a long-handled roller to paint the ceiling.	*Necesitamos un rodillo de mango largo para pintar el techo.*
This paint has a gloss finish and is good for kitchens.	*Esta pintura tiene un acabado brillante y es buena para las cocinas.*
For damp rooms like bathrooms or basements, we can use an antibacterial paint.	*Para habitaciones húmedas, como los baños o sótanos, podemos usar una pintura antibacteriana.*
Don't forget to write "Wet Paint" on a piece of cardboard, and put it on that bench.	*No olvides escribir "Pintura Húmeda" en un trozo de cartón y ponerlo en aquel banco.*
What solvent do you use: turpentine or acetone?	*¿Qué disolvente usas: aguarrás o acetona?*
Did you put an undercoat on the bedroom walls?	*¿Le diste una primera capa a las paredes del dormitorio?*

ENGLISH IN PRACTICE

¿Cómo puedo expresar posibilidad o certeza de que suceda una acción?

Para expresar posibilidad, es decir, que es posible que la acción suceda, se pueden usar los verbos modales **"may"**, **"could"** y **"might"**.

En los tres casos se expresa que la acción puede tener lugar, aunque con **"might"**, la posibilidad es más remota.

sujeto + { **may** / **could** / **might** } + infinitivo (sin "to")

She **may** come, but I don't really know.
Puede que ella venga, pero no lo sé realmente.

It **could** rain tomorrow.
Puede que llueva mañana.

They **might** win the match, but they are bad players.
Puede que ganen el partido, pero son malos jugadores.

Si la posibilidad es negativa se usa "not" tras los verbos modales.

We **may not** finish painting the house today.
Puede que no terminemos de pintar la casa hoy.

Para expresar certeza, es decir, que se está seguro sobre si la acción ocurrirá o no, se hace uso de los verbos **"must"**, si la frase es afirmativa y **"can't"**, si es negativa.

That paint **must** be wet. We painted the bench just one hour ago.
Esa pintura tiene que estar húmeda. Pintamos el banco solo hace una hora.

He **can't** be at home. He **must** be at work.
Él no puede estar en casa. Tiene que estar en el trabajo.

¿Qué son y para qué se usan las "tag questions"?

Son pequeñas preguntas que se colocan al final de la frase para **pedir confirmación** de lo que se dice. Equivalen a "*¿verdad?*" o "*¿cierto?*" y se forman con "Yes" o "No", un auxiliar (to be, do, does, did, can, could, etc.) y un pronombre personal sujeto (I, you, he, etc.).

Si en la frase el verbo es auxiliar, lo utilizamos para la "tag question" junto al pronombre correspondiente. Si la frase es afirmativa, el auxiliar se usa de forma negativa en la "tag question" y viceversa.

You **are** from Mexico, **aren't** you?
Tú eres de México, ¿verdad?

They **weren't** working, **were** they?
Ellos estuvieron trabajando, ¿cierto?

Your friends **can** cook, **can't** they?
Tus amigos saben cocinar, ¿verdad?

Si en la frase no hay verbo auxiliar, para la "tag question" usaremos "do-does/don't-doesn't" si la frase está en presente, y "did/didn't" si está en pasado.

You **work** as an accountant, **don't** you?
Trabajas como contable, ¿verdad?

They **don't live** in California, **do** they?
Ellos no viven en California, ¿cierto?

Sheila **doesn't waste** her money, **does** she?
Sheila no malgasta su dinero, ¿verdad?

Paul **bought** a new car, **didn't** he?
Paul se compró un auto nuevo, ¿cierto?

You **didn't go** to the gym, **did** you?
No fuiste al gimnasio, ¿verdad?

EXERCISES

1.- Une las dos partes de las frases.

a) Look at this man and his uniform.
b) It's cloudy today.
c) Tom eats hamburgers.
d) He finishes work at 7:00 pm.

1) It might rain later.
2) He can't be a vegetarian.
3) He must be a chef.
4) He could be back for dinner.

2. Completa las oraciones con la "tag question" correspondiente.

a) Helen is an artist, ... ?
b) I don't know you, ...?
c) He likes her, ... ?
d) Your parents can't speak Chinese, ... ?
e) You brought your brushes, ... ?

Key: 1.- a3, b1, c2, d4; 2.- a) isn't she?, b) do I?, c) doesn't he, d) can they?, e) didn't you?

Interviewing a handyman

DIALOGUE

Mrs. Howard's butler is asking Miguel Rodriguez, a handyman, about his skills.

El mayordomo de la Sra. Howard está preguntando a Miguel Rodríguez, un trabajador de mantenimiento, sobre sus habilidades.

Butler: Hello, Mr. Rodriguez. Please have a seat.

Mayordomo: *Hola, Sr. Rodríguez. Por favor, tome asiento.*

Miguel: Thank you, sir.

Miguel: *Gracias, señor.*

Butler: Mr. Rodriguez, I've heard that you are a very experienced handyman.

Mayordomo: *Sr. Rodríguez, tengo entendido que es un trabajador de mantenimiento con mucha experiencia.*

Miguel: Oh yes, sir. I assure you that not only am I very experienced but that I am the best handyman in all of the Beverly Hills area.

Miguel: *Oh, sí señor. Le aseguro que no solo tengo mucha experiencia, sino que soy el mejor empleado de mantenimiento en toda la zona de Beverly Hills.*

Butler: That is quite a statement. Please, tell me why you are the best.

Mayordomo: *Eso es mucho decir. Por favor, dígame por qué es el mejor.*

Miguel: I am the best because I am the quickest at fixing any sort of problem, I am the best priced and I have the most experience out of all the other handymen in the area.

Miguel: *Soy el mejor porque soy el más rápido arreglando cualquier tipo de problema, tengo el mejor precio y quien tiene más experiencia de todos los empleados de mantenimiento de la zona.*

Butler: Any sort of problem? So, you're not afraid of plumbing, carpentry, electronics or general maintenance of a big mansion like this?

Mayordomo: *¿Cualquier tipo de problema? ¿Entonces no le teme a la fontanería, la carpintería, la electrónica o el mantenimiento general de una gran mansión como ésta?*

Miguel: No, sir. You name it and I'll take care of it because my word is my bond.

Miguel: *No, señor. Me dice lo que ocurre y me ocuparé de ello porque mi palabra es mi compromiso.*

Butler: Well, you seem to be just the man we are looking for, so I am going to give you a shot. You are hired. You start tomorrow on a probationary period and then we'll go from there.

Mayordomo: *Bueno, parece que es usted justo el hombre que estamos buscando, así que voy a darle una oportunidad. Está contratado. Empieza mañana en período de prueba y ya iremos viendo a partir de entonces.*

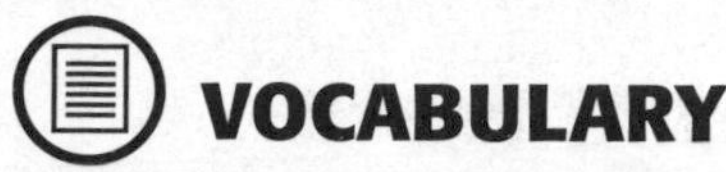

handyman	*trabajador de mantenimiento, mozo*
electrical tape	*cinta aislante*
masking tape	*cinta protectora*
glue	*pegamento, cola*
oil	*aceite*
flashlight	*linterna*
battery	*batería, pila*
pliers	*alicates*
hand drill	*taladro*
drill bit	*broca*
nippers	*tenazas*
nail	*clavo*
screw	*tornillo*
screwdriver	*destornillador*
hammer	*martillo*

USEFUL EXPRESSIONS AT WORK

I'll need to buy some more screws and nuts, and bring a level to hang the mirror and make sure it is hung correctly.	*Necesito comprar más tornillos y tuercas, y traer un nivel para colgar el espejo y asegurarme de que queda colgado correctamente.*
I am the best priced in the area.	*Tengo el mejor precio de la zona.*
The best way to cut drywall is with a box cutter and straight, continuous cut.	*La mejor forma de cortar el pladur es con un cúter y un corte recto y continuo.*
You need to use a special Allen wrench in order to tighten the legs on the table.	*Necesitas usar una llave Allen especial para apretar las patas de la mesa.*
These wire cutters have rubber handles to prevent the risk of electrocution.	*Este cortaalambres tiene los mangos de goma para evitar el riesgo de electrocutarse.*
This is a special latex paint which covers up smoke stained walls.	*Ésta es una pintura especial de látex que cubre las paredes manchadas de humo.*

ENGLISH IN PRACTICE

¿Cómo puedo referirme a alguna persona o a algún objeto destacándolos sobre el resto?

Para destacar un elemento sobre el resto hacemos uso del superlativo, que se forma de la siguiente manera:

Cuando el adjetivo tiene una sílaba se añade **"-est"** a dicho adjetivo, que irá precedido del artículo **"the"**:

young	*joven*	**the youngest**	*el más joven*
big	*grande*	**the biggest**	*el más grande*

Para expresar el superlativo en inglés hemos de tener en cuenta que, al ser un grado del adjetivo, toda la estructura ha de colocarse delante del sustantivo.

George is **the youngest** worker in the factory.
George es el trabajador más joven de la fábrica.

That's **the biggest** box in the warehouse.
Ésa es la caja más grande del almacén.

Cuando el adjetivo tiene tres sílabas o más se usa **"the most"** delante de dicho adjetivo:

comfortable	*cómodo*	**the most comfortable**	*el más cómodo*
difficult	*difícil*	**the most difficult**	*el más difícil*

That was **the most difficult** exercise in the test.
Ése fue el ejercicio más difícil del examen.

Cuando el adjetivo tiene dos sílabas:

a) Si acaba en **"–y"**, **"-ow"**, **"-le"** o **"-er"**, forma el superlativo como los adjetivos de una sílaba: **the** + **adjetivo + est.**

Tom is **the happiest** man in the world.
Tom es el hombre más feliz del mundo.

b) Si acaba de cualquier otra manera, forma el superlativo como los adjetivos de tres o más sílabas: **the most + adjective**.

I think that is **the most boring** book I have read.
Creo que ése es el libro más aburrido que he leído.

Pero algunos adjetivos no siguen estas reglas y forman el superlativo de manera irregular. Entre ellos están:

good	*bueno*	**the best**	*el mejor*
bad	*malo*	**the worst**	*el peor*
far	*lejos*	**the farthest, the furthest**	*el más lejano*

Paddy is **the best** worker.
Paddy es el mejor trabajador.

It was **the worst** experience in my life.
Fue la peor experiencia de mi vida.

¿De qué manera podemos expresar la causa y el efecto de una acción?

Para ello se usan las conjunciones **"so"** y **"because"**.

"So" expresa el efecto o resultado de una acción y equivale a "*así (que), por lo tanto*".

I was tired, **so** I went to bed.
Estaba cansado, así que me fui a la cama.

She couldn't sleep, **so** she got up and took a pill.
No podía dormir, así que se levantó y se tomó una píldora.

"Because" introduce una causa o un motivo y equivale a "*porque*".

I went to bed **because** I was tired.
Me fui a la cama porque estaba cansado.

She took a pill **because** she couldn't sleep.
Ella se tomó una píldora porque no podía dormir.

EXERCISES

1. Completa las frases con la forma superlativa de los adjetivos entre paréntesis.

a) She bought .... (expensive) picture.

b) This is .... (small) piece of the machine.

c) That was .... (easy) exercise in the test.

d) Are you .... (tall) person in your team?

2. Completa las oraciones con "so" o "because".

a) I went to the party .... I wanted to see Mary.

b) I'm studying English .... I love languages.

c) He is shocked .... he saw an accident.

d) She didn't invite me, ... I didn't go to the party.

Key: 1.- a) the most expensive, b) the smallest, c) the easiest, d) the tallest; 2.- a) because, b) because, c) because, d) so.

Looking for a job at the resort

DIALOGUE

Rosaura applied for a job as a waxing specialist at the Dolphin Hotel & Beach Resort. Amanda is receiving her for an interview.

Rosaura solicitó un trabajo como especialista en depilación a la cera en el Dolphin Hotel & Beach Resort. Amanda la recibe para una entrevista.

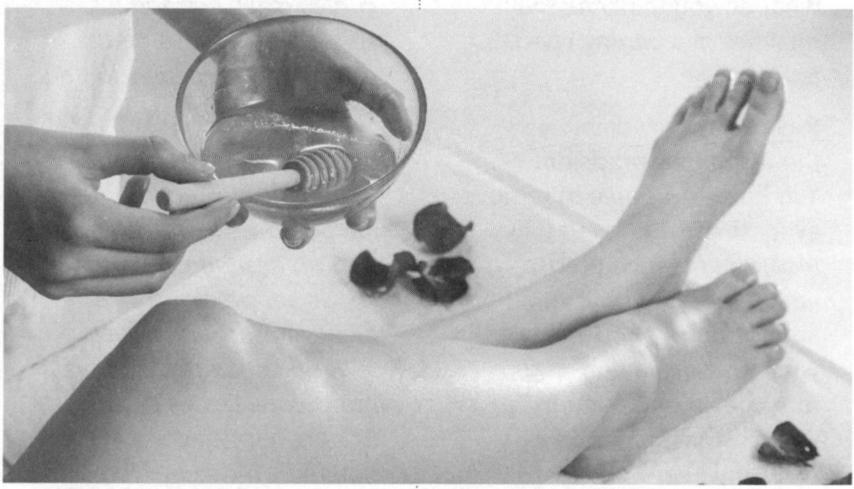

Amanda: Good afternoon, Rosaura. Can you introduce yourself and tell me about your experience?

Amanda: *Buenas tardes, Rosaura. ¿Puedes presentarte y hablarme de tu experiencia?*

Rosaura: My name is Rosaura Alves, I am 28 years old and I come from Brazil. I was already a waxing specialist in my country. As you can see from my resume, I worked in many different environments such as beauty salons, resorts, and even fashion shows.

Rosaura: *Mi nombre es Rosaura Alves, tengo 28 años y vengo de Brasil. Ya era una especialista en depilación a la cera en mi país. Como puede ver en mi currículum, trabajé en muchos entornos diferentes, como salones de belleza, complejos turísticos, e incluso en desfiles de moda.*

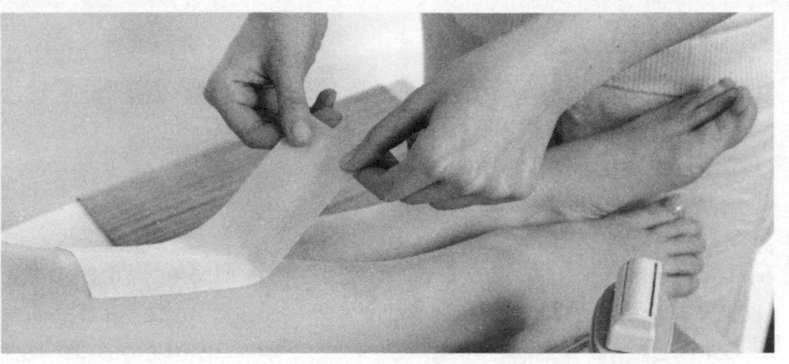

Amanda: Very well. Tell me, what do you think the main qualities of a waxing specialist are?

Rosaura: In my opinion, the first one is precision. You have to be able to remove every single undesired hair. Also, you must be precise with temperatures. If you are not careful, you will burn your customer's skin! You must be able to listen to your customer's needs as well, and keep your space irreproachably clean. Hygiene is fundamental.

Amanda: Any plan for the future?

Rosaura: Next winter I will take a training course on laser hair removal. It is the technique that elimates the root of the hair completely.

Amanda: Rosaura, you have given me a very good impression. I am happy to offer you a seasonal contract for the next six months.

***Amanda:** Muy bien. Dime, ¿cuáles crees que son las mejores cualidades de un especialista en depilación a la cera?*

***Rosaura:** En mi opinión, la primera es la precisión. Tienes que poder eliminar cualquier vello no deseado. Además, has de ser preciso con la temperatura. Si no tienes cuidado le quemarás la piel a tu cliente. Debes escuchar las necesidades de tu cliente también y mantener tu espacio irreprochablemente limpio. La higiene es fundamental.*

***Amanda:** ¿Algún plan para el futuro?*

***Rosaura:** El próximo invierno haré un cursillo de formación en eliminación del vello con láser. Es la técnica que elimina la raíz del pelo completamente.*

***Amanda:** Rosaura, me has dado una muy buena impresión. Me alegra ofrecerte un contrato temporal para los próximos seis meses.*

VOCABULARY

waxing specialist	*especialista en depilación a la cera*
wax	*cera*
remove	*eliminar*
hair removal	*eliminación de vello*
hair remover	*depilatorio*
leg	*pierna*
armpit	*axila*
undesired hair	*pelo no deseado*
depilator	*depiladora*
sugaring	*depilación con cera de azúcar*
tweezers	*pinzas*
to shave	*rasurar*
to rip off / to pull off	*arrancar*
to get rid of	*librarse de*

USEFUL EXPRESSIONS AT WORK

More and more men come to have their hair removed.	*Cada vez más hombres vienen a quitarse el vello.*
Please, turn over. I will now take care of the front of your legs.	*Por favor, gírese. Ahora me ocuparé de la parte delantera de sus piernas.*
Please, raise your right arm.	*Por favor, levante el brazo derecho.*
We offer a Brazilian bikini wax.	*Ofrecemos depilación brasileña.*
It is normal to have a few red spots after a hair removal session, but they disappear in a day or two.	*Es normal tener unos pocos puntos rojos tras una sesión de depilación, pero desaparecen en un día o dos.*
Instead of shaving, some women choose to wax.	*En lugar de rasurarse, algunas mujeres eligen depilarse con cera.*
The most frequent parts of the body that are waxed are the legs and the armpits.	*Las partes del cuerpo que con más frecuencia se depilan a la cera son las piernas y las axilas.*

ENGLISH IN PRACTICE

¿Cómo se expresan acciones en futuro en inglés?

Hay distintas formas de expresar acciones que tendrán lugar en el futuro. Una de ellas es por medio del auxiliar **"will"**, que, colocado **delante de un infinitivo**, transforma dicho verbo a futuro.

Esta forma es invariable para todas las personas. Así:

He **will get** a new job.
Él conseguirá un nuevo trabajo.

They **will send** you an application form by email.
Ellos te enviarán un formulario de solicitud por correo electrónico.

"Will" se puede contraer en **"'ll"**:

I'**ll** help you. — *Te ayudaré.*

They'**ll** come soon. — *Ellos vendrán pronto.*

En frases negativas usamos **"will not"** o su contracción, **"won't"**.

You **won't** solve this problem. — *No solucionarás este problema.*

He **won't be** late. — *Él no llegará tarde.*

En preguntas se coloca "**will**" delante del sujeto.

Will you **open** the garage tomorrow? — *¿Abrirás el taller mañana?*

What **will** she **do**? — *¿Qué hará ella?*

Tanto "**will**" como "**won't**" se utilizan también en respuestas cortas:

Will it rain tomorrow? Yes, it **will**. — *¿Lloverá mañana? Sí, lo hará.*

Will she call you? No, she **won't**. — *¿Te llamará ella? No, no lo hará.*

El futuro simple se utiliza para expresar:

a) Predicciones futuras:

She'**ll get** a better job. — *Ella conseguirá un trabajo mejor.*

b) Decisiones espontáneas:

- There aren't any potatoes. — *- No hay papas.*

- Okay, I'**ll buy** some. — *- Bueno, compraré algunas.*

c) Invitaciones:

Will you come to the party? — *¿Vendrás a la fiesta?*

d) Una petición de ayuda o un favor:

Will you help me? — *¿Puedes ayudarme?*

¿Para qué se usa el verbo "to be able to"?

El verbo **"to be able to"** *(ser capaz de)* se usa para expresar habilidad. Es un sinónimo de **"can"**.

She **can** drive = She **is able to** drive. — *Ella sabe conducir.*

A diferencia de "can", que sólo se usa en presente, y "could", que se usa en pasado, **"to be able to"** puede usarse en cualquier tiempo.

She **wasn't able to** swim.
Ella no sabía nadar.

They **will be able to** attend the meeting.
Ellos podrán asistir a la reunión.

"Be able to" también tiene forma de infinitivo.

I would like **to be able to** speak German.
Me gustaría saber hablar alemán.

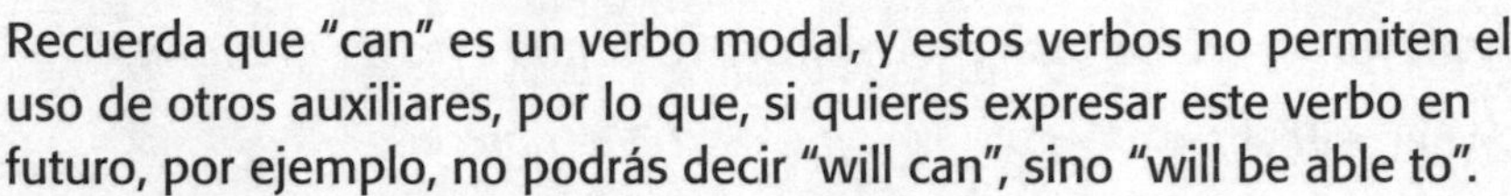

Recuerda que "can" es un verbo modal, y estos verbos no permiten el uso de otros auxiliares, por lo que, si quieres expresar este verbo en futuro, por ejemplo, no podrás decir "will can", sino "will be able to".

She **will be able to** buy a new car with her savings.
Ella podrá comprarse un auto nuevo con sus ahorros.

EXERCISES

1. Transforma las siguientes oraciones a futuro:

a) Mary's here today. .... tomorrow.

b) They don't go swimming. ....

c) Do you live in a big apartment? ....

d) Where does he buy the tickets? ....

2. Sustituye el verbo "can" por "be able to".

a) They can pass the test. ....

b) I can't play chess. ....

c) She couldn't stand up ....

Key: 1.- a) Mary will be here tomorrow, b) They won't go swimming, c) Will you live in a big apartment?, d) Where will he buy the tickets?; 2.- a) They are able to pass the test, b) I am not able to play chess, c) She wasn't able to stand up.

Damaged shipment

DIALOGUE

Leonardo, the shipping and receiving worker, is in the process of receiving a shipment of delicate microchips for an important machine.

Leonardo, el trabajador de envío y recepción, se encuentra recibiendo un envío de delicados microchips para una máquina importante.

Truck Driver: Well, sir, once we finish unloading the shipment, I will need a signature from you and then I am going to head to my last stop for the day.

Camionero: *Bueno, señor, una vez que acabemos de descargar el envío necesitaré una firma suya y luego voy en dirección a mi última parada del día.*

Leonardo and the truck driver finish unloading the shipment.

Leonardo y el camionero terminan de descargar el envío.

Leonardo: Okay, that's all. Let me verify that the contents of the box are inside and in good condition. Then I am going to sign for you.

Leonardo: *De acuerdo, eso es todo. Déjeme verificar que el contenido de la caja se encuentra dentro y en buenas condiciones. Después le firmaré.*

Truck Driver: Great.

Camionero: *Estupendo.*

Leonardo opens the box and sees that the microchips are destroyed.

Leonardo: Well, I think we are going to have a problem. The microchips for our main cutting machine are in pieces.

Truck Driver: Oh, no! I can't believe it. Just what I needed! Now I'm going to be late to my next stop.

Leonardo: I'm sorry about that, sir, however I cannot accept this shipment. We will have to fill out the corresponding paperwork and return everything.

Truck Driver: Well, it's part of the job. Let's fill out everything, reload the shipment and then I will be on my way. I will have to come back tomorrow or next week with a new shipment, which is hopefully not broken.

Leonardo: All right, let's get to work.

Leonardo abre la caja y ve que los microchips están destrozados.

Leonardo: *Bueno, creo que vamos a tener un problema. Los microchips para nuestra cortadora principal están hechos pedazos.*

Camionero: *¡Oh, no! No me lo puedo creer. ¡Justo lo que necesitaba! Ahora voy a llegar tarde a mi próxima parada.*

Leonardo: *Lo siento, señor, sin embargo no puedo aceptar este envío. Tendremos que rellenar el correspondiente papeleo y devolver todo.*

Camionero: *Bueno, es parte del trabajo. Rellenemos todo, volvamos a cargar el envío y luego me iré. Tendré que volver mañana o la semana próxima con un nuevo envío, que esperemos que no esté roto.*

Leonardo: *De acuerdo, pongámonos a trabajar.*

VOCABULARY

shipping / shipment	*envío*
shipping and receiving worker	*trabajador de envío y recepción*
pallet	*palet*
vendor / supplier	*proveedor / suministrador*
available item	*artículo disponible*
order / back order	*pedido*
invoice	*factura*
warehouse	*almacén*
terms and conditions	*términos y condiciones*
storage	*almacenaje*
goods	*artículos*
data	*datos*
truck	*camión*
van	*furgoneta*
purchase / to purchase	*compra / comprar*
return / to return	*devolución / devolver*
to pack / to unpack	*empacar / desempacar*
to wrap	*envolver*

USEFUL EXPRESSIONS AT WORK

If you don't center the pallet jack below the shipment you could break the wood of the pallet.	*Si no centras el patín hidráulico bajo el envío podrías romper la madera del palet.*
Do you have any new razors for my box cutter?	*¿Tienes cuchillas nuevas para mi cúter?*
I always log the date and time of anything I receive or send out.	*Siempre registro la fecha y hora de cualquier cosa que recibo o envío.*
I am always keeping an eye on what is missing to make sure that I order enough before we run out.	*Siempre estoy pendiente de lo que falta para asegurarme de que pido suficiente antes de que se nos agote.*
Upon receiving any shipment, it is company policy to unpack and examine its contents.	*Al recibir cualquier envío, la política de la empresa es desempacar y examinar el contenido.*
Once we have enough boxes, we put them on a pallet and we use the stretch wrap bander to bind them together to prepare them for shipping.	*Una vez que tenemos suficientes cajas, las ponemos en un palé y usamos la máquina envolvedora para asegurarlas juntas y prepararlas para su transporte.*

ENGLISH IN PRACTICE

¿De qué manera puedo expresar que tengo intención de hacer alguna cosa?

Además del uso de "will", otra forma de futuro se expresa por medio del **presente del verbo "to be" (am / are / is) + going to + infinitivo**.

Esta forma se utiliza:

a) Para expresar planes o intenciones:

They **are going to** load the truck. *Ellos van a cargar el camión.*

b) Para hacer una predicción evidente:

It's cloudy. It**'s going to** rain. *Está nublado. Va a llover.*

Veamos algunos ejemplos más:

He **is going to** stay in the warehouse until the order arrives.
Él va a quedarse en el almacén hasta que llegue el pedido.

They**'re going to** be late. *Ellos van a llegar tarde.*

They **aren't going to** sell their apartment.
Ellos no van a vender su apartamento.

Where **is** your sister **going to** live?
¿Dónde va a vivir tu hermana?

Are you **going to** send this package? Yes, I am.
¿Vas a enviar este paquete? Sí.

No olvides que si el verbo principal es "go" o "come", en lugar de "going to go" o "going to come", se suelen usar **"going to"** o **"coming to"**:

I'm going to the movies on Saturday. *El sábado voy a ir al cine.*

They**'re coming to** the meeting. *Ellos van a venir a la reunión.*

Coloquialmente, en inglés americano hablado es muy frecuente el uso de **"gonna"** por **"going to"**:

We're **gonna** move house. *Nos vamos a mudar de casa.*

¿Qué adverbios nos ayudan a expresar acciones en futuro?

Al usar frases en futuro es muy frecuente el uso de adverbios de tiempo. Algunos de ellos son:

tomorrow	*mañana*
tomorrow morning	*mañana por la mañana*
the day after tomorrow	*pasado mañana*
next week	*la próxima semana*
next month	*el próximo mes*
next year	*el próximo año*
next weekend	*el próximo fin de semana*
later	*más tarde, después*
soon	*pronto*
in + período de tiempo	*en/dentro de + período de tiempo*

I'll call you **tomorrow morning**.
Te llamaré mañana por la mañana.

They won't come **later**.
Ellos no vendrán después.

Will you visit us **in two months**?
¿Nos visitarás dentro de dos meses?

EXERCISES

1. Elabora oraciones usando el futuro de intención.

a) (you / go / supermarket) ....?

b) (They / not / watch / the movie) ....

c) (I / not / read / that book) ....

d) (his dogs / eat / now) ....?

e) (Luke / smoke / a cigar) ....

2. Ordena las palabras para formar frases.

a) after will do lunch what she ? ....

b) India to I next won't year go. ....

c) evening will her tomorrow see we. ....

Key: 1 - a) Are you going to the supermarket?, b) They aren't going to watch the movie, c) I'm not going to read that book, d) Are his dogs going to eat now?, e) Luke is going to smoke a cigar; 2.- a) What will she do after lunch?, b) I won't go to India next year, c) We will see her tomorrow evening.

Pet walker loses a dog

DIALOGUE

Roberto, Mrs. Howard's dog walker, calls her to tell her that he is delayed because he almost lost her favorite dog.

Roberto, el paseador de mascotas de la Sra. Howard, le llama para decirle que se ha retrasado porque casi perdió a su perra favorita.

Alberto: Hello, Mrs. Howard. I would not normally be calling you, but I have been delayed due to a difficulty.

Roberto: *Hola, Sra. Howard. Normalmente no le llamaría, pero me he retrasado por un inconveniente.*

Mrs. Howard: What? What has happened? Is my favorite dog okay? Why didn't you call earlier?

Sra. Howard: *¿Qué? ¿Qué ha pasado? ¿Está bien mi perra favorita? ¿Por qué no llamaste antes?*

Alberto: Mrs. Howard, please calm down. I would have called sooner but I wanted to make sure I could find her.

Roberto: *Por favor, cálmese, Sra. Howard. Habría llamado antes, pero quería asegurarme de que podría encontrarla.*

Mrs. Howard: Explain yourself! What happened to my precious Cookie?

Alberto: Well, I was walking the dogs and, like always, Cookie was trying to go much quicker than the others. Finally, she ended up breaking the leash when I went to clean up after another dog! But don't worry because I found her.

Mrs. Howard: This is completely unprofessional! How could you do this to me?

Alberto: I'm sorry. This has never happened to me before.

Mrs. Howard: I'm sorry too!

Alberto: This will never happen again, I promise. I could keep walking your other dogs.

Mrs. Howard: Come to my house and bring my little Cookie. I know it won't happen again, because you are fired, sir!

Sra. Howard: *¡Explícate! ¿Qué le ocurrió a mi preciosa Cookie?*

Roberto: *Bueno, yo estaba paseando a los perros y, como siempre, Cookie estaba intentando ir mucho más deprisa que los demás. Finalmente acabó rompiendo la correa cuando yo iba a limpiar los excrementos de otro perro. Pero no se preocupe porque la encontré.*

Sra. Howard: *¡Esto no es nada profesional! ¿Cómo me pudiste hacer esto?*

Roberto: *Lo siento. Nunca me ha pasado antes.*

Sra. Howard: *¡Yo también lo siento!*

Roberto: *No volverá a ocurrir, lo prometo. Podría seguir paseando sus otros perros.*

Sra. Howard: *Ven a mi casa y trae a mi pequeña Cookie. Sé que no volverá a ocurrir, ¡porque está despedido, señor!*

VOCABULARY

pet	*mascota*
dog walker	*paseador de perros*
muzzle	*bozal*
leash	*correa*
collar	*collar*
dog toy	*juguete para perros*
dog treat	*golosina para perros*
puppy	*cachorro*
to bark	*ladrar*
to bite	*morder*
to clean up after a dog	*limpiar los excrementos de un perro*
to drag	*arrastrar*

USEFUL EXPRESSIONS AT WORK

The big Rottweiler ended up breaking the leash.	*El gran rottweiler acabó rompiendo la correa.*
Everybody should clean up after their dog.	*Todos deberían limpiar los excrementos de su perro.*
We went to the dog park.	*Fuimos al parque para perros.*
That dog doesn't get along with the others, so I usually put a muzzle on him to prevent biting.	*Ese perro no tiene buena relación con los otros, por eso normalmente le pongo un bozal para evitar mordeduras.*
If your dog has fleas, I can't accept him or he will give fleas to all the others.	*Si su perro tiene pulgas no puedo aceptarlo, o le pasará las pulgas a todos los demás.*
It is important to have your animal micro-chipped and that it always wears a collar with your information, in case it gets lost.	*Es importante que tu animal tenga un microchip y que siempre lleve un collar con tus datos, por si se pierde.*

ENGLISH IN PRACTICE

¿Cómo se forma y para qué se utiliza el condicional?

Es el modo que indica que una acción o situación puede ocurrir, si se cumplen ciertos supuestos o condiciones. Se forma con el modal **"would"** y el **infinitivo del verbo**, y tiene una única forma para todas las personas.

I **would live** on the coast.
Yo viviría en la costa.

He **would have** a new computer.
El tendría una computadora nueva.

"Would" se puede contraer en **"'d"**.

I**'d like** to walk the dog now.
Me gustaría pasear el perro ahora.

She**'d go** to work by bus.
Ella iría al trabajo en autobús.

En frases negativas se utiliza **"wouldn't (would not)"**.

I **wouldn't like** to smoke.
No me gustaría fumar.

They **wouldn't get up** early.
Ellos no se levantarían temprano.

En preguntas, **"would"** se coloca delante del sujeto.

Would you like to have a drink?
¿Te gustaría (quieres) tomar algo?

What **would** you **do**?
¿Qué harías?

En respuestas cortas:

Would you **do** it for me? **Yes, I would**.
¿Lo harías por mí? Sí, lo haría

Would they **speak** in public? **No, they wouldn't**.
¿Hablarían en público? No, no lo harían.

¿Qué otros usos tiene el modal "would"?

Además de usarse para expresar el modo condicional, "**would + infinitivo**" se utiliza:

a) Para expresar ofrecimientos e invitaciones:

Would you **like** some more coffee?
¿Quieres más café?

b) Para expresar deseos y peticiones de una manera formal.

I'd like some water, please.
Quiero agua, por favor.

Would you **open** the window, please?
¿Puede abrir la ventana, por favor?

c) Para expresar el futuro para una acción pasada.

She said that she **would make** a decision.
Ella dijo que tomaría una decisión.

d) Para expresar una conducta típica en el pasado.

Her daughter **would listen** to that song for hours.
Su hija escuchaba esa canción durante horas.

Si en una oración aparecen varios adverbios, ¿en qué orden los debemos utilizar?

La posición de los adverbios de modo, lugar y tiempo suele ser al final de la oración, aunque, principalmente los de tiempo, también pueden situarse al principio. Cuando concurren más de uno de ellos, el orden que siguen es: **modo-lugar-tiempo**. Así:

She is dancing **happily at the night club**. (modo-lugar)
Ella está bailando feliz en la discoteca.

They were **here yesterday**. (lugar-tiempo)
Ellos estuvieron aquí ayer.

Did you work **hard last year**? (modo-tiempo)
¿Trabajaste duramente el año pasado?

Is he sleeping **quietly on the couch now**? (modo-lugar-tiempo)
¿Está él durmiendo tranquilamente en el sofá ahora?

EXERCISES

1. Corrige los errores en las frases que lo precisen.

a) She would does it for me.

b) Would you lend me your car?

c) They wouldn't give me any money.

d) Would you opened the door, please?

2. Coloca los adverbios correctamente en las frases que lo necesiten.

a) Sarah is today at school.

b) They go in summer to Miami Beach.

c) He was driving in the city yesterday slowly.

d) Did you have a pet at home when you were a child?

Key: 1.- a) do, b) -, c) -, d) open; 2.- a) Sarah is at school today, b) They go to Miami Beach in summer, c) He was driving slowly in the city yesterday, d) -.

You can't miss the show tonight

DIALOGUE

Claudia is one of the hotel entertainers at the Dolphin Hotel & Beach Resort. She is giving one of the guests at the hotel suggestions and advice on available activities.

Claudia es una de las animadoras en el Dolphin Hotel & Beach Resort. Le está dando a un cliente sugerencias y consejos sobre actividades disponibles.

Claudia: Hi, welcome to the Dolphin Hotel & Beach Resort. Is this your first time staying with us?

Claudia: *Hola, bienvenido al Dolphin Hotel & Beach Resort. ¿Es ésta la primera vez que nos visita?*

Guest: Yes, it is. I wanted to come before, but I haven't had any vacation since last summer.

Cliente: *Sí. Quería venir antes, pero no he tenido vacaciones desde el verano pasado.*

Claudia: Welcome, tonight we have a special luau dinner on the beach. You should come!

Claudia: *Bienvenido. Esta noche tenemos una cena luau especial en la playa. Debería venir.*

Guest: I would love to! Does it include a Hawaiian dancing show?

Cliente: *¡Me encantaría! ¿Hay espectáculo de baile hawaiano?*

Claudia: Absolutely!

Guest: Perfect, what time does it start?

Claudia: The dinner will start at 8:00 pm and last until around 10:00 pm. After that, there will be live music and dancing.

Guest: Thank you! I would also like to learn abut activities for kids at this resort.

Claudia: Well, we offer a lot of different activities through our Kids Club: snorkeling, painting, volleyball, dancing and sandcastle building. Some activities cost extra, but you can get a discount if you sign up for our Kids Club membership.

Guest: How long does the membership last?

Claudia: The membership lasts for one year. Here is a brochure that has more information about the schedule and prices.

Guest: Perfect, I'll take a look at it.

Claudia: Enjoy the dinner tonight! I'll be here if you have any other questions.

Guest: Thank you!

Claudia: *¡Por supuesto!*

Cliente: *Perfecto, ¿a qué hora comienza?*

Claudia: *La cena empezará a las 8:00 pm y continuará hasta alrededor de las 10:00 pm. Después habrá música y danza en vivo.*

Cliente: *Gracias. También me gustaría saber sobre las actividades para niños en este complejo turístico.*

Claudia: *Bueno, ofrecemos muchas actividades diferentes a través de nuestro Kids Club: buceo, pintura, vóleibol, baile y construcción de castillos de arena. Algunas actividades tienen un coste extra, pero puede conseguir un descuento si se registra como miembro de nuestro Kids Club.*

Cliente: *¿Cuánto dura la membresía?*

Claudia: *La membresía dura un año. Aquí tiene un folleto que tiene más información sobre el horario y los precios.*

Cliente: *Perfecto, lo miraré.*

Claudia: *¡Disfrute de la cena esta noche! Estaré aquí si tiene otras preguntas.*

Cliente: *¡Gracias!*

VOCABULARY

entertainer	*animador*
entertainment	*entretenimiento*
performance	*actuación*
to encourage	*animar, estimular*
motivation	*motivación*
to motivate	*motivar*
to be energetic	*ser enérgico*
creativity	*creatividad*
sense of humor	*sentido del humor*
enthusiasm	*entusiasmo*
leisure activities	*actividades de ocio*
to dance	*bailar*
to sing	*cantar*
outdoor activity	*actividad en el exterior*
indoor activity	*actividad en el interior*
sports	*deportes*
sandcastle building	*construcción de castillos de arena*
activity program	*programa de actividades*

USEFUL EXPRESSIONS AT WORK

My job is to give our clients a great vacation.	*Mi trabajo es ofrecer a nuestros clientes unas vacaciones formidables.*
Have you organized all the sports and fitness activities for the week?	*¿Has organizado todas las actividades de deporte y fitness para la semana?*
The evening entertainment includes dances, games, contests, musicals, karaoke and other activities.	*El entretenimiento nocturno incluye bailes, juegos, concursos, musicales, karaoke y otras actividades.*
What did you think about the show, sir?	*¿Qué le pareció el espectáculo, señor?*
Don't miss the Latin rhythms session on the beach this evening.	*No se pierdan la sesión de ritmos latinos en la playa esta noche.*
We will be putting on a mini disco for kids tonight. You should join us.	*Montaremos una mini disco para los niños esta noche. Deberían venir.*

ENGLISH IN PRACTICE

¿De qué manera puedo pedir y dar consejos o sugerencias?

Para dar consejos o sugerencias se suele usar el verbo modal **"should"**, que equivale al modo condicional del verbo *"deber" (debería, deberías, etc.).* **"Should"** tiene la misma forma para todas las personas y se usa delante de un infinitivo.

She **should** study harder. *Ella debería estudiar más.*

You **should** see the show tonight.
Deberías ver el espectáculo esta noche.

La forma negativa es **"should not"** o **"shouldn't"**.

You **shouldn't** smoke. *No deberías fumar.*

He **shouldn't** go home alone. *Él no debería ir a casa solo.*

Para realizar **preguntas** se coloca **"should"** delante del sujeto.

Should I take any medicine? *¿Debería tomar alguna medicina?*

What **should** I do? *¿Qué debería hacer?*

¿Cómo se forma el pretérito perfecto?

El pretérito perfecto **(present perfect)** es un tiempo verbal compuesto, formado con el **presente del verbo "to have" (have / has)** y el **participio** del verbo principal.

En español, los participios son las formas verbales acabadas en "*-ado*" e "*-ido*" (*jugado, comido*). En inglés, los participios de los verbos regulares se forman añadiendo "-ed" al infinitivo (son iguales al pasado), pero en el caso de los verbos irregulares no se cumple esta regla. (Ver lista en el Apéndice).

Su forma afirmativa es:

I **have visited** the museum.
He visitado el museo.

He **has answered** the questions.
Él ha respondido a las preguntas.

We **have opened** the box.
Hemos abierto la caja.

"Have" se puede contraer en **"'ve"** y "has" en **"'s"**:

They**'ve rented** an apartment.
Ellos han alquilado un apartamento.

She**'s bought** a new dress.
Ella ha comprado un vestido nuevo.

Para negar un verbo en pretérito perfecto se utilizan **"haven't"** o **"hasn't"** y el **participio** del verbo que usemos:

Our neighbours **haven't sold** their house.
Nuestros vecinos no han vendido su casa.

He **hasn't spent** his salary. *Él no ha gastado su sueldo.*

Para formular preguntas se colocan **"have"** o **"has"** delante del sujeto:

What **have** you **done**? *¿Qué has hecho?*

Has she **seen** you? *¿Te ha visto ella?*

¿En qué casos se usa el "present perfect"?

a) Al referirnos a acciones que empezaron en el pasado y aún continúan en el presente:

I **have worked** for this company since 2004.
He trabajado para esta compañía desde 2004.

b) Al citar una experiencia pasada sin mencionar cuándo tuvo lugar, pues si se dice cuándo ocurrió la acción, se usa el pasado simple:

Dexter **has been** to Paris. *Dexter ha estado en París.*

He **saw** the Eiffel tower last year. *Él vio la torre Eiffel el año pasado.*

c) Para expresar el resultado de una acción reciente:

Someone **has opened** the door. *Alguien ha abierto la puerta.*

Recuerda que el **"present perfect"** muchas veces aparece acompañado de **"for"** *(durante)* y **"since"** *(desde)*, que se usan como respuesta a la pregunta **"how long?"** *(¿cuánto tiempo?)*.

How long have you lived in Chicago?
¿Cuánto tiempo has vivido en Chicago?

"For" *(durante)* va seguido de un período de tiempo.

I've lived in Chicago **for** five years.
He vivido en Chicago durante cinco años.

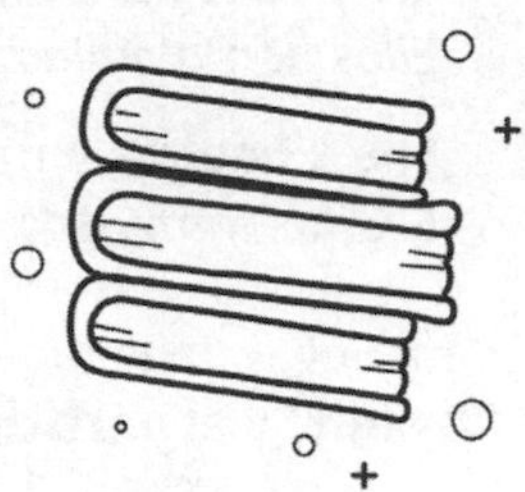

"Since" *(desde)* va seguido de un punto en el tiempo, es decir, de un momento determinado (día, mes, año, etc.).

I've lived in Chicago **since** 2014.
He vivido en Chicago desde 2014.

EXERCISES

1. Ordena las palabras para formar frases.

a) my should go doctor father to the. ....

b) we should buy where that ? ....

c) drink too you much shouldn't. ....

2. Completa las frases con el pretérito perfecto de los verbos siguientes, de forma afirmativa: close, eat, write.

a) The dog .... its food.

b) I .... two novels.

c) Your cousins .... the window.

3. Completa las oraciones con "for" o "since".

a) He has been a doctor .... 2003.

b) They have studied that subject .... a long time.

c) She's worked in that office .... she arrived in Madrid.

d) I have had this car .... many years.

e) Peter's father has driven a truck .... he was twenty-five years old.

Key: 1.- a) My father should go to the doctor, b) Where should we buy that?, c) You shouldn't drink too much; 2.- a) has eaten, b) have written, c) have closed; 3.- a) since, b) for, c) since, d) for, e) since

The faucet leaks

DIALOGUE

Raul is working as a plumber at the construction site. One morning, when he arrives...

Raúl está trabajando como plomero en la obra. Cuando llega una mañana ...

Bricklayer: Raul, there are some problems with two bathrooms on the fourth floor.

Raul: And what are these problems?

Bricklayer: I'm not sure. I've heard that a faucet leaks and a toilet is clogged.

Raul: I'll check it out. Thanks for letting me know.

Albañil: *Raúl, hay algunos problemas con dos baños en el cuarto piso.*

Raúl: *¿Y cuáles son esos problemas?*

Albañil: *No estoy seguro. Me han dicho que un grifo gotea y un inodoro está atorado.*

Raúl: *Lo comprobaré. Gracias por decírmelo.*

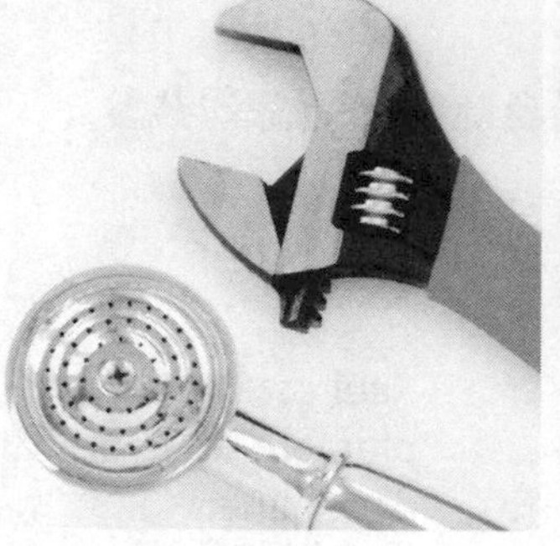

He goes to the fourth floor and speaks to Steve, another plumber.

Raul: I heard there are some problems with a faucet and a toilet, Steve.

Steve: Well, I have just fixed the faucet. I took a wrench and tightened a loose piece. That was all.

Raul: And what about the toilet? Is it clogged?

Steve: I think so. It flushes well, but the water goes down very slowly.

Raul: I'll have a look at it.

A short time later…

Raul: It was a clog, Steve. To unclog it I used a plunger. That was all. I didn't have to make a big effort.

Steve: Ha, ha, ha. We're lucky it was such an easy fix.

Raul: Yes, now let's go with our work!

Steve: All right, it's time to install some pipes. Let's go!

Va al cuarto piso y habla con Steve, otro plomero.

Raúl: *He oído que hay algunos problemas con un grifo y un inodoro, Steve.*

Steve: *Bueno, acabo de arreglar el grifo. Cogí una llave inglesa y apreté una pieza floja. Eso era todo.*

Raúl: *¿Y el inodoro? ¿Está atorado?*

Steve: *Creo que sí. Descarga bien, pero el agua cuela muy despacio.*

Raúl: *Echaré un vistazo.*

Un poco después …

Raúl: *Era un atasco, Steve. Para desatorarlo usé un desatascador. Eso era todo. No tuve que hacer mucho esfuerzo.*

Steve: *Ja, ja, ja. Tenemos suerte de que era un arreglo fácil.*

Raúl: *Sí, ahora vamos con nuestro trabajo.*

Steve: *De acuerdo, es hora de instalar unas tuberías. ¡Vamos!*

VOCABULARY

plumber	*plomero, fontanero*
plumbing	*plomería, fontanería*
pipe	*tubería*
faucet	*grifo*
drain	*desagüe*
heater	*calentador*
valve	*válvula*
to fix / to repair	*arreglar / reparar*
to replace	*sustituir*
to leak	*gotear*
leak	*gotera, escape*
wrench	*llave inglesa*
tape measure	*cinta métrica*
sealing tape	*cinta aislante*
screwdriver	*destornillador*
plunger	*desatascador*
blowtorch	*soplete*
multipurpose pliers	*alicates multiuso*

USEFUL EXPRESSIONS AT WORK

The water drains well.	*El agua cuela bien por el desagüe.*
Hair is a common cause of clogged drains.	*El pelo es una causa habitual de desagües atascados.*
There's a leak in the kitchen sink and water is spilling all over the place.	*Hay un escape en la pileta de la cocina y agua derramándose por todos sitios.*
Your heating system doesn't work because there is a leak in the gas pipe.	*Su sistema de calefacción no funciona porque hay un escape en la tubería del gas.*
Do you think you can fix it?	*¿Cree que puede arreglarlo?*
We charge by the hour and have a flat diagnostic fee.	*Cobramos por horas y tenemos una tarifa plana por las inspecciones.*

ENGLISH IN PRACTICE

¿Cómo se puede preguntar y responder acerca de experiencias pasadas?

Para preguntar y responder acerca de experiencias pasadas usamos el **"present perfect"** con **"ever"** y con los **adverbios de frecuencia**.

"Ever" *(alguna vez)* se utiliza en preguntas y se coloca delante del participio.

Has she **ever** been to the USA?
¿Ha estado ella alguna vez en los EE.UU.?

"Never" *(nunca)* se usa en frases afirmativas y se coloca entre "have" / "has" y el participio:

They have **never** fixed a faucet.
Ellos nunca han arreglado un grifo.

También se pueden usar otros adverbios de frecuencia.

I have **sometimes** watched that program.
A veces he visto ese programa.

They've **always** been very generous.
Siempre han sido muy generosos.

Recuerda que el **"present perfect"** también puede usarse con **"just"**, **"yet"** y **"already"**.

Se usa el **"present perfect"** con **"just"** para indicar que una acción acaba de tener lugar. "**Just**" se coloca siempre delante del participio.

I **have just arrived**.	*Acabo de llegar.*
He **has just unclogged** the toilet.	*Él acaba de desatorar el inodoro.*

"**Yet**" se usa en oraciones negativas y en preguntas, pero su significado varía. En frases negativas equivale a "*todavía*", y en preguntas significa "*ya*". En cualquier caso, siempre se coloca al final de la frase.

The plumber **hasn't arrived yet**.	*El plomero no ha llegado todavía.*
Has he **finished yet**?	*¿Ha terminado él ya?*

"**Already**" *(ya)* se usa en oraciones afirmativas y en preguntas. Suele aparecer delante del verbo principal, aunque también lo puede hacer al final de la frase.

She **has already read** that book.	*Ella ya ha leído ese libro.*
Have **you already seen** him?	*¿Ya lo has visto?*

¿Qué diferencias existen entre los verbos "to do" y "to make"?

Estos verbos son muy usados en inglés. Los dos equivalen a "*hacer*", pero existen diferencias entre ambos. La principal es que **"to do"** se usa con sentido general de "*realizar*" o "*llevar a cabo*" y **"to make"** con sentido de "*elaborar*", "*fabricar*", "*producir*".

"To do" se usa:

a) En sentido general.

What are you **doing**? *¿Qué estás haciendo?*

b) Con actividades que expresan actividades o faenas cotidianas.

They **do** the cleaning twice a week.
Ellos hacen la limpieza dos veces a la semana.

c) En expresiones, tales como:

to do a favor	*hacer un favor*	**to do business**	*hacer negocios*
to do an excercise	*hacer un ejercicio*	**to do harm**	*hacer daño*

Can you **do** me **a favor**, please?
¿Puedes hacerme un favor, por favor?

Did you **do business** with him?
¿Hiciste negocios con él?

"To make" se usa:

a) Con la idea de fabricar, construir, crear o elaborar algo.

What are you **making** for dinner?
¿Qué estás haciendo para la cena?

Carpenters **make** furniture.
Los carpinteros hacen muebles.

b) En muchas expresiones, como:

to make a mess	*desordenar*
to make friends	*hacer amigos*
to make a phone call	*hacer una llamada*
to make plans	*hacer planes*
to make a decision	*tomar una decisión*
to make a noise	*hacer ruido*
to make a mistake	*cometer un error*

to make money *hacer dinero*

to make an effort *hacer un esfuerzo*

to make progress *progresar*

Excuse me. I have **to make a call**.
Disculpa, tengo que hacer una llamada.

They **made an effort** and passed the exam.
Hicieron un esfuerzo y aprobaron el examen.

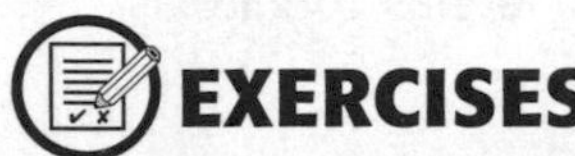

EXERCISES

1. Ordena las palabras para formar frases.

a) been never she Italy to has.

....

b) you painted have ever picture a ?

....

c) have in always they lived small town a.

....

2. Elige la opción correcta para completar las oraciones.

a) James has .... phoned me four times today. (just, already)

b) They haven't had dinner .... (yet, already)

c) I've .... watered these plants. (yet, just)

3. Usa "do" o "make" en el tiempo correspondiente para completar las oraciones.

a) She .... business with them some years ago.

b) Are they .... plans for their vacation?

c) You have to .... a decision soon.

Key: 1.- a) She has never been to Italy, b) Have you ever painted a picture?, c) They have always lived in a small town; 2.- a) already, b) yet, c) just; 3.- a) did, b) making, c) make.

APÉNDICE

LIST OF IRREGULAR VERBS

LISTA DE VERBOS IRREGULARES

Infinitive	Simple Past	Past Participle	
be	was / were	been	*ser, estar*
break	broke	broken	*romper*
buy	bought	bought	*comprar*
catch	caught	caught	*atrapar*
come	came	come	*venir*
cut	cut	cut	*cortar*
do	did	done	*hacer*
drink	drank	drunk	*beber*
drive	drove	driven	*conducir, manejar*
eat	ate	eaten	*comer*
fall	fell	fallen	*caer*
feel	felt	felt	*sentir*
find	found	found	*encontrar*
fly	flew	flown	*volar*
forget	forgot	forgotten	*olvidar*
give	gave	given	*dar*
go	went	gone	*ir*
have	had	had	*tener*
hurt	hurt	hurt	*herir, doler*
know	knew	known	*saber*
lend	lent	lent	*prestar*
leave	left	left	*dejar, abandonar*
lie	lay	lain	*yacer, tumbarse*
make	made	made	*hacer*

meet	met	met	*conocer, encontrar*
pay	paid	paid	*pagar*
put	put	put	*poner*
read	read	read	*leer*
ring	rang	rung	*llamar, sonar*
say	said	said	*decir*
see	saw	seen	*ver*
sell	sold	sold	*vender*
sit	sat	sat	*sentarse*
sleep	slept	slept	*dormir*
speak	spoke	spoken	*hablar*
spend	spent	spent	*gastar (dinero), pasar (tiempo)*
swim	swam	swum	*nadar*
take	took	taken	*tomar, llevar*
teach	taught	taught	*enseñar*
tell	told	told	*decir*
think	thought	thought	*pensar*
throw	threw	thrown	*lanzar*
understand	understood	understood	*entender*
wear	wore	worn	*llevar puesto*
write	wrote	written	*escribir*

LIST OF REGULAR VERBS
LISTA DE VERBOS REGULARES

Infinitive	Simple Past	Past participle	
answer	answered	answered	*responder*
arrive	arrived	arrived	*llegar*
ask	asked	asked	*preguntar*
borrow	borrowed	borrowed	*pedir prestado*
call	called	called	*llamar*
clean	cleaned	cleaned	*limpiar*
climb	climbed	climbed	*escalar*
collect	collected	collected	*coleccionar*
cook	cooked	cooked	*cocinar*
dance	danced	danced	*bailar*
describe	described	described	*describir*
discover	discovered	discovered	*descubrir*
enjoy	enjoyed	enjoyed	*disfrutar*
happen	happened	happened	*suceder*
help	helped	helped	*ayudar*
invent	invented	invented	*inventar*
invite	invited	invited	*invitar*
kill	killed	killed	*matar*
like	liked	liked	*gustar*
live	lived	lived	*vivir*
look	looked	looked	*mirar*
love	loved	loved	*amar*
miss	missed	missed	*perder, extrañar*
open	opened	opened	*abrir*
pack	packed	packed	*empacar*

play	played	played	*jugar, tocar (música)*
prefer	preferred	preferred	*preferir*
prepare	prepared	prepared	*preparar*
push	pushed	pushed	*empujar*
rain	rained	rained	*llover*
remember	remembered	remembered	*recordar*
rent	rented	rented	*alquilar*
return	returned	returned	*volver, devolver*
save	saved	saved	*salvar, ahorrar*
smell	smelled	smelled	*oler*
start	started	started	*comenzar*
stay	stayed	stayed	*quedarse*
stop	stopped	stopped	*detener*
study	studied	studied	*estudiar*
talk	talked	talked	*hablar*
touch	touched	touched	*tocar*
try	tried	tried	*intentar*
work	worked	worked	*trabajar*
use	used	used	*usar*
visit	visited	visited	*visitar*
wait	waited	waited	*esperar*
walk	walked	walked	*caminar*
want	wanted	wanted	*querer*
wash	washed	washed	*lavar*
watch	watched	watched	*mirar*

(Ver la pronunciación de los verbos regulares en la página siguiente)

PRONUNCIACIÓN DEL PASADO SIMPLE Y DEL PARTICIPIO DE LOS VERBOS REGULARES

Lo primero que se ha de tener en cuenta es que la pronunciación del pasado y del participio de los verbos regulares es siempre igual a la de su infinitivo, al que se le añadirá un sonido final, el de la "-ed". Este sonido puede ser de tres tipos, dependiendo de cuál sea el sonido final del infinitivo. Así, la terminación "-ed" se pronuncia:

- Como una /d/, siempre que el sonido final del infinitivo sea un sonido suave, como, por ejemplo, el de la /b/, /l/, /m/, /n/, /r/o la /v/.

  travel *lتráveld/*

travel	*/tráveld/*
remembered	*/rimémbed/*
live	*/livd/*

- Como una /t/, siempre que el sonido final del infinitivo sea un sonido fuerte, como, por ejemplo, el de la /k/, /ch/, /p/, /s/, /sh/, o la /x/.

washed	*/woʃt/*
fixed	*/fikst/*
stopped	*/stopt/*

- Como /id/, cuando el sonido final del infinitivo es /d/ o /t/.

needed	*/nídid/*
wanted	*/wóntid/*

WEIGHTS AND MEASURES
PESOS Y MEDIDAS

En los Estados Unidos se utiliza Sistema Imperial de medición, que es el sistema británico de pesos y medidas.
A continuación puedes ver las equivalencias de las principales medidas:

Length *(Longitud)*	***abreviatura***
meter *(metro)*	m
centimeter *(centímetro)*	cm
kilometer *(kilómetro)*	km
1 inch *(pulgada)* = 2,54 cm	in
1 foot *(pie)* = 30,48 cm	ft
1 yard *(yarda)* = 91,44 cm	yd
1 mile *(milla)* = 1,609 km	mi

Weight *(Peso)*	
gram *(gramo)*	g
kilogram *(kilogramo)*	kg
1 ounce *(onza)* = 28,35 g	oz
1 pound *(libra)* = 453,6 g	lb

Capacity *(Capacidad)*	
liter *(litro)*	l
1 pint *(pinta)* = 473,17 ml	pt
1 quart *(cuarto)* = 946,34 ml	qt
1 gallon *(galón)* = 3,78 l	gal

USEFUL INFORMATION

THE JOB INTERVIEW

Interviewer: Hello, Mrs. Rivera! My name is Paul Thompson. I'm the human resources manager.

Applicant: I'm pleased to meet you.

Interviewer: Please, have a seat.

Applicant: Thank you.

Interviewer: According to your resume, you have several years of office experience.

Applicant: Yes. I've had over seven years' experience.

Interviewer: And why did you leave your last job?

Applicant: Well, I didn't leave it, actually. The company closed down.

Interviewer: I see. Tell me about your qualifications.

Applicant: I'm proficient in many computer programs, I have excellent social skills, I am well organized, and I'm a very fast learner.

Interviewer: Yes, your references are really good. Do you have any questions about the position?

Applicant: Yes. What are the responsibilities in this job?

INFORMACIÓN DE UTILIDAD

LA ENTREVISTA DE TRABAJO

Entrevistador: *¡Hola, Sra. Rivera! Mi nombre es Paul Thompson. Soy el gerente de recursos humanos.*

Candidata: *Encantada de conocerle.*

Entrevistador: *Tome asiento, por favor.*

Candidata: *Gracias.*

Entrevistador: *Según su currículum, tiene varios años de experiencia en oficina.*

Candidata: *Sí. Tengo más de siete años de experiencia.*

Entrevistador: *¿Y por qué dejó su último trabajo?*

Candidata: *Bueno, en realidad, no lo dejé. La empresa cerró.*

Entrevistador: *Comprendo. Hábleme sobre sus cualificaciones.*

Candidata: *Soy competente en muchos programas informáticos, tengo excelentes habilidades sociales, soy muy organizada y aprendo muy rápido.*

Entrevistador: *Sí, sus referencias son realmente buenas. ¿Tiene alguna pregunta sobre el trabajo?*

Candidata: *Sí. ¿Cuáles son las responsabilidades de este trabajo?*

Interviewer: We're looking for someone to be in charge of a new office we are going to open next month, handle all the correspondence, arrange meetings, and answer the phone calls.

Applicant: Okay. And what are the office hours, Mr. Thompson?

Interviewer: From 9:00 am to 5:00 pm, with an hour off for lunch. What are your salary expectations, Mrs. Rivera?

Applicant: I expect to be paid the going rate for this type of position. Can you tell me about the benefits you offer?

Interviewer: All right. We offer some other benefits, like a basic health insurance and a two-week vacation period twice a year.

Applicant: That's very good. When is the position available?

Interviewer: At the beginning of next month. We'll finish our interviews this week and make a decision by the weekend. We'll contact you next week.

Applicant: Thank you very much. It's been a pleasure meeting you. I hope to hear from you soon.

Interviewer: Thank you for coming, Mrs. Rivera.

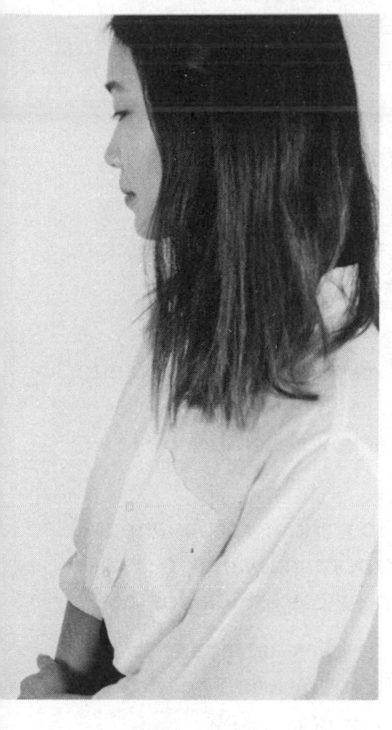

Entrevistador: *Estamos buscando a alguien para que esté a cargo de una nueva oficina que vamos a abrir el mes próximo, manejar toda la correspondencia, concertar reuniones y responder las llamadas telefónicas.*

Candidata: *De acuerdo. ¿Y cuál es el horario laboral, Sr. Thompson?*

Entrevistador: *De 9:00 am a 5:00 pm, con una hora libre para el almuerzo. ¿Cuáles son sus expectativas salariales, Sra. Rivera?*

Candidata: *Espero cobrar el monto en vigor para este tipo de trabajo.*

Entrevistador: *De acuerdo. Nosotros ofrecemos otros beneficios, como un seguro médico básico y un período de vacaciones de dos semanas, dos veces al año.*

Candidata: *Está muy bien. ¿Cuándo está disponible el trabajo?*

Entrevistador: *Al principio del próximo mes. Terminaremos nuestras entrevistas esta semana y tomaremos una decisión para el fin de semana. Contactaremos con usted la semana que viene.*

Candidata: *Muchas gracias. Ha sido un placer conocerle. Espero tener noticias pronto.*

Entrevistador: *Gracias por venir, Sra. Rivera.*

En la página siguiente se muestra un modelo de la estructura de un currículum, que se detalla a continuación.

HOW TO WRITE YOUR RESUME

CÓMO ELABORAR UN CURRICULUM VITAE

- Comienza el currículum escribiendo tu nombre completo, dirección, número de teléfono y dirección de correo electrónico en el encabezamiento.
- Escribe sobre tu experiencia laboral (Work Experience), empezando desde tu trabajo más reciente, hacia atrás. Incluye los cargos ocupados, tus responsabilidades en el trabajo y el nombre de la empresa para la cual trabajaste.
- Continúa con tu educación o formación (Education), resumiendo los estudios completados, y citando información relevante, como el tipo de titulación que se posee, cursos específicos estudiados, etc.
- Bajo el epígrafe "Additional Skills" citarás aquellas habilidades adicionales que posees, como el nivel de comunicación en otro(s) idioma(s), conocimientos de programas informáticos, etc.
- Completa el currículum con las referencias (References), quizás sencillamente como aparece en el ejemplo, "Available on request" (Disponibles a petición).

Recuerda:

- Es preferible que el currículum no exceda de una sola página.
- Separa claramente cada categoría o sección, dejando una línea en blanco entre ellas, por ejemplo.
- Revisa tu currículum con atención para evitar cualquier error tipográfico u ortográfico.
- Asegúrate de incluir siempre una carta de presentación cuando solicites un trabajo. Actualmente, dicha carta suele ser un correo electrónico al que se le adjunta el currículum.

RESUME

Name
Address
City
Telephone number
E-mail address

Work Experience

2021- Present

- ....
- ....
- ....

2008 - 2020

- ....
- ....
- ....

Education

2004-2008

- ....
- ....

Additional Skills

Fluent in Spanish and French
Expert in Office Suite and Google Documents

References

Available upon request

THE SOCIAL SECURITY CARD

LA TARJETA DE SEGURO SOCIAL

La tarjeta de Seguro Social (Social Security) es probablemente el documento más importante que deben obtener los habitantes de los Estados Unidos.

La tarjeta en sí no es un documento de identidad con foto, sino un sencillo trozo de cartulina azul con un número impreso: tu número de Seguro Social.

Este número es el que te identificará para todo y con el cual podrás obtener otros documentos oficiales y beneficios sociales.

No des tu número de seguro social a nadie, excepto cuando te lo exijan en oficinas públicas y bancarias, o en trámites oficiales.

Perderlo o que otra persona lo use sin tu consentimiento te puede traer consecuencias muy molestas. Es lo que se llama el "robo de identidad". Cualquier acto delictivo que se haga con tu número de Seguro Social afectará para siempre a tu historial particular. Si crees que lo has perdido o que alguien lo ha usado sin tu permiso, acude inmediatamente a la policía o denuncia este hecho.

Si no lo tienes aún, averigua qué pasos debes seguir para estar en situación de solicitar tu tarjeta de Seguro Social. En cualquier caso, es conveniente la consulta a un abogado para recibir la información adecuada.

THE DRIVER LICENSE
LA LICENCIA DE CONDUCIR

La licencia de conducir es el documento que más se va a necesitar a diario. En los Estados Unidos, la licencia de conducir no se limita a concederte el permiso para el manejo de autos, sino que cada vez que debas presentar un documento de identificación con foto, éste será el más apropiado.

Si no sabes manejar, acude igualmente a un centro donde expidan licencias de conducir para que te emitan un documento de identificación con foto que se extiende a las personas que no saben o no pueden manejar.

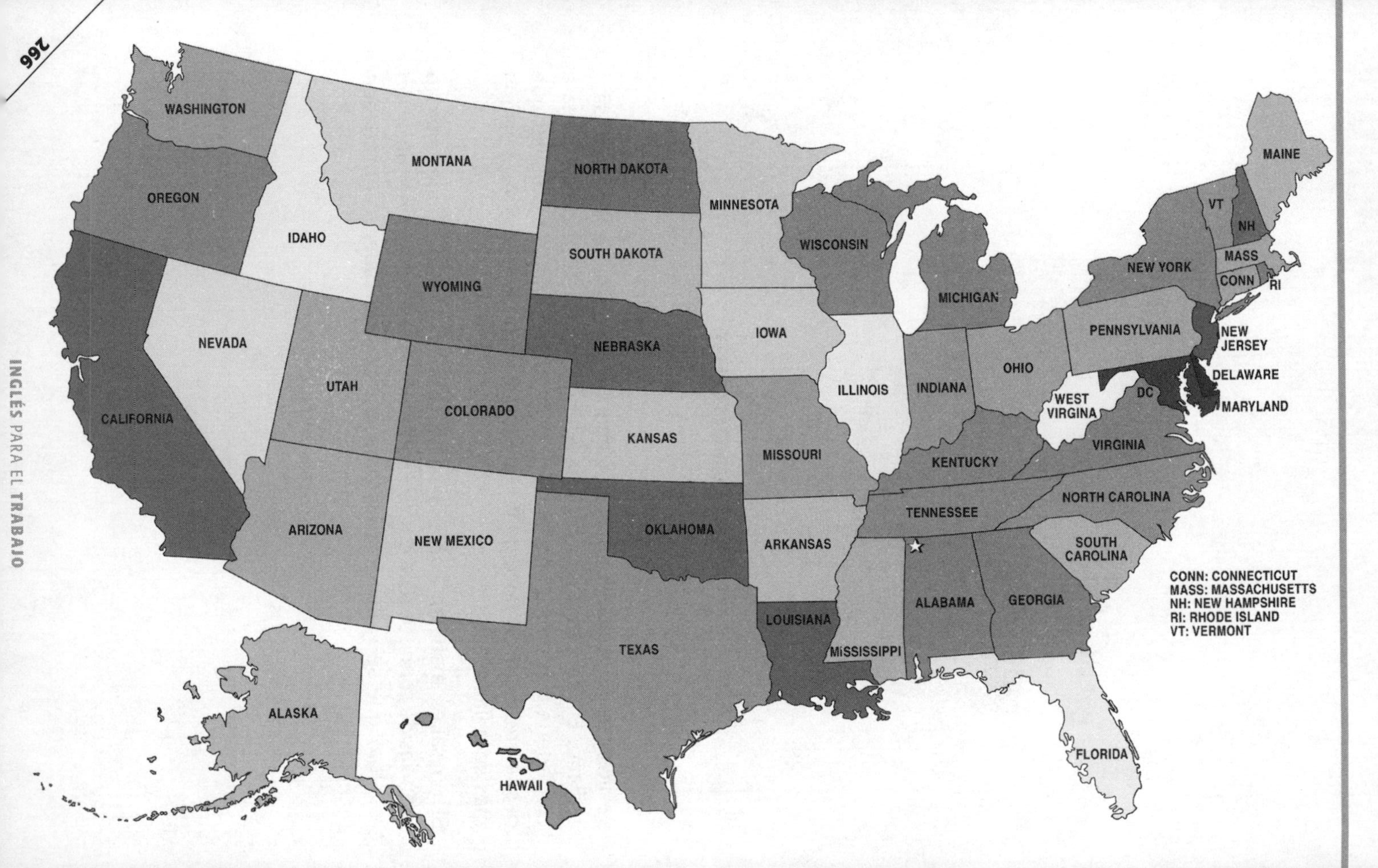

WASHINGTON
MONTANA
NORTH DAKOTA
MINNESOTA
MAINE
OREGON
IDAHO
SOUTH DAKOTA
WISCONSIN
MICHIGAN
VT
NH
MASS
NEW YORK
CONN
RI
WYOMING
NEVADA
NEBRASKA
IOWA
PENNSYLVANIA
NEW JERSEY
UTAH
COLORADO
ILLINOIS
INDIANA
OHIO
DELAWARE
WEST VIRGINA
DC
MARYLAND
CALIFORNIA
KANSAS
MISSOURI
KENTUCKY
VIRGINIA
NORTH CAROLINA
TENNESSEE
ARIZONA
NEW MEXICO
OKLAHOMA
ARKANSAS
SOUTH CAROLINA
ALABAMA
GEORGIA
LOUISIANA
TEXAS
MISSISSIPPI
ALASKA
HAWAII
FLORIDA
CONN: CONNECTICUT
MASS: MASSACHUSETTS
NH: NEW HAMPSHIRE
RI: RHODE ISLAND
VT: VERMONT

US GEOGRAPHIC INFORMATION

DATOS GEOGRÁFICOS SOBRE LOS ESTADOS UNIDOS

Los Estados Unidos es un país muy extenso. De este a oeste hay 4.500 kilómetros (distancia que tomaría cinco días recorrerla en carro) y cuatro zonas horarias.

El país se divide en siete áreas geográficas:

Northeast: los estados del norte en la costa atlántica.

Southeast: los estados del sur, también en el lado atlántico.

South: los estados del sur.

Midwest: los estados del centro y norte del país.

Southwest: California y sus estados vecinos en el sur.

Nortwest: los estados del norte y más occidentales, hacia la costa del Pacífico.

Alaska y Hawái: son dos estados muy alejados del resto de los 48 estados, Alaska hacia el norte, y Hawái en el Pacífico.

THE STAR-SPANGLED BANNER

LA BANDERA ESTADOUNIDENSE

La bandera de los Estados Unidos de América, que frecuentemente podrás ver en múltiples lugares, es conocida como *the Stars and Stripes*, *Old Glory* y *the Star-Spangled Banner*.

Consta de trece franjas horizontales rojas y blancas, y un rectángulo azul con cincuenta estrellas blancas. Las franjas representan las trece colonias originales que existían en lo que hoy es Estados Unidos, antes de la independencia del Reino Unido en 1776. Las estrellas representan los cincuenta estados que conforman actualmente el país. En realidad, son cuarenta y nueve estados y un distrito, el Distrito de Columbia, que es donde está ubicada la capital del país, Washington D.C.

ANTI-DISCRIMINATION LAW
LAS LEYES ANTIDISCRIMINATORIAS

Las leyes que prohíben la discriminación en el trabajo se denominan leyes de igualdad de oportunidades de empleo.

En los Estados Unidos es ilegal llevar a cabo cualquier tipo de discriminación, sea por motivos de sexo, raza, religión, embarazo, incapacidad o edad. Si una persona es discriminada por alguno de estos motivos, o por otros, como pueden ser el acoso sexual o la discriminación en materia de igualdad salarial, debe denunciarlo a las autoridades.

Además, recuerda que es conveniente consultar con un abogado especializado en derecho laboral antes de iniciar algún proceso legal en los Estados Unidos, pues éste te explicará tus opciones y protegerá tus derechos legales.

LEARNING TIPS

CONSEJOS PARA EL APRENDIZAJE

- Cuando estás aprendiendo inglés, cualquier tipo de práctica es positiva para ir ganando en confianza y fluidez. Por ello, intenta hablar, leer, escuchar y escribir en inglés cuanto sea posible.
- Ver la televisión y escuchar la radio en inglés te permitirá ganar vocabulario y comprensión del idioma. Además, hará que te sea más fácil aprender la pronunciación y el uso de las expresiones más comunes.
- Es posible que al principio no entiendas todo lo que dicen, pero sin darte cuenta verás cómo cada día entiendes más y mejor.
- La música también es una fuente de práctica del idioma. Intenta memorizar y cantar tus canciones favoritas en inglés.
- Busca un libro, un periódico o una revista y lee algún artículo que te interese en inglés. Es posible que no lo entiendas todo, pero mucha información la descifrarás por el contexto.
- Grabarte la voz en algún dispositivo mientras lees o hablas es una práctica muy accesible y aleccionadora sobre tu pronunciación y fluidez. Grábate tantas veces quieras. Puede ser, además, una actividad muy divertida.
- No desaproveches la ocasión de hablar inglés siempre que sea posible: en casa, en el trabajo, en la calle, en las tiendas, en el taxi, etc. Verás cómo cada día mejora tu expresión.
- Haz ese pequeño esfuerzo y enseguida verás los buenos resultados que da.

¡Gracias por estudiar con nosotros!

Fotos de interior:

© Jossdim | Dreamstime.com
© Arne9001 | Dreamstime.com
© Hery Siswanto | Dreamstime.com
© La Fabrika Pixel S.l. | Dreamstime.com
© Mark Polegaev | Dreamstime.com
© Martin Malchev | Dreamstime.com
© Dragonimages | Dreamstime.com
© James Steidl | Dreamstime.com
© Andrey Popov | Dreamstime.com
© Fintastique | Dreamstime.com
© Senkaya | Dreamstime.com
© Vanda Vasilevskaya | Dreamstime.com
© Maryna Korotenko | Dreamstime.com
© Igor Borodin | Dreamstime.com
© Marina Morozova | Dreamstime.com
© Viktor Levi | Dreamstime.com
© Sabelskaya | Dreamstime.com
© Maksim Shmeljov | Dreamstime.com
© Wavebreakmedia Ltd | Dreamstime.com
© Imarly | Dreamstime.com
© Vladans | Dreamstime.com
© Pavlo Syvak | Dreamstime.com
© Elena Vasilchenko | Dreamstime.com
© Andreyuu | Dreamstime.com
© Idey | Dreamstime.com
© Vladislav Ashikhmin | Dreamstime.com
© Ekaterina Muzyka | Dreamstime.com
© Kittipong Jirasukhanont | Dreamstime.com
© Olga Zakharova | Dreamstime.com
© Anna Viteeva | Dreamstime.com
© Aliaksei Kruhlenia | Dreamstime.com
© Phovoir | Dreamstime.com
© Horst Petzold | Dreamstime.com
© Monkey Business Images | Dreamstime.com
© Dmitry Kalinovsky | Dreamstime.com
© Anna Pindyurina | Dreamstime.com
© Bambulla | Dreamstime.com
© Maxfx | Dreamstime.com
© Intararit | Dreamstime.com
© Aurielaki | Dreamstime.com
© Poznyakov | Dreamstime.com
© Dmytro Konstantynov | Dreamstime.com
© Nolte Lourens | Dreamstime.com
© Khorzhevska | Dreamstime.com
© Vanilladesign | Dreamstime.com
© Oleksii Fedorenko | Dreamstime.com
© Stanislav Komogorov | Dreamstime.com
© Igor Zakharevich | Dreamstime.com
© Andrei Krauchuk | Dreamstime.com
© Anyata | Dreamstime.com
© Margoorita | Dreamstime.com
© Nadezhda Egorova | Dreamstime.com
© Dgilder | Dreamstime.com
© Ikonoklastfotografie | Dreamstime.com
© Racorn | Dreamstime.com
© Anatoliy Kashuba | Dreamstime.com
© Valeriy Kachaev | Dreamstime.com
© Auremar | Dreamstime.com
© Pastoor | Dreamstime.com
© Victor Koldunov | Dreamstime.com
© Darryl Brooks | Dreamstime.com
© Bjorn Beheydt | Dreamstime.com
© Rookie72 | Dreamstime.com
© William87 | Dreamstime.com
© Ekaterina Demidova | Dreamstime.com
© Americanspirit | Dreamstime.com
© Lawangdesign | Dreamstime.com
© Wiyada Srisa | Dreamstime.com
© Malween | Dreamstime.com
© Igor Andriianov | Dreamstime.com
© Sepy67 | Dreamstime.com
© Carlo Dapino | Dreamstime.com
© Alexandr Sidorov | Dreamstime.com
© Ktitov | Dreamstime.com
© Dekanaryas | Dreamstime.com
© Dmytro Zinkevych | Dreamstime.com
© Mast3r | Dreamstime.com
© Peyotle1 | Dreamstime.com
© Syda Productions | Dreamstime.com
© Lainspiratriz | Dreamstime.com
© Libux77 | Dreamstime.com
© Julia Urchenko | Dreamstime.com
© Igor Mojzes | Dreamstime.com
© Alexander Konoplyov | Dreamstime.com
© Artinspiring | Dreamstime.com
© Evgenii Naumov | Dreamstime.com
© Patryk Kosmider | Dreamstime.com
© Seamartini | Dreamstime.com
© Kozzi2 | Dreamstime.com
© Andreusk | Dreamstime.com
© Elnur | Dreamstime.com
© Carolyn Franks | Dreamstime.com
© Irina Morozova | Dreamstime.com
© Matriyoshka | Dreamstime.com
© Petr Malyshev | Dreamstime.com
© Isaxar | Dreamstime.com
© Laurentiu Iordache | Dreamstime.com
© Macrovector | Dreamstime.com
© Ian Allenden | Dreamstime.com
© Kurhan | Dreamstime.com
© Dashk | Dreamstime.com
© Diego Vito Cervo | Dreamstime.com
© Bogdan Hoda | Dreamstime.com
© Stiven | Dreamstime.com
© Lightkeeper | Dreamstime.com
© Rainer Plendl | Dreamstime.com
© Greyjj | Dreamstime.com
© Patrimonio Designs Ltd | Dreamstime.com
© Viktor Gladkov | Dreamstime.com
© Catalin205 | Dreamstime.com
© Hongqi Zhang | Dreamstime.com
© Michael Zhang | www.dreamstime.com
© Kviktor | Dreamstime.com
© Andrey Dybrovskiy | Dreamstime.com
© Sergey Khakimullin | Dreamstime.com
© Katarinanh | Dreamstime.com
© Norbert Buchholz | Dreamstime.com
© Leremy | Dreamstime.com
© Piotr Marcinski | Dreamstime.com
© katemangostar | Freepik.com
© Winkimages | Freepik.com
© luis_molinero | Freepik.com